湛庐 CHEERS

与最聪明的人共同进化

HERE COMES EVERYBODY

# 孩子如何社交

## Reading Minds

［加］亨利·威尔曼 著
Henry Wellman

叶壮 译

中国纺织出版社有限公司

# 读心魔法从何而来

2007 年 3 月 5 日，美国全国广播公司（NBC）发布了一篇文章——《科学家能预测行为，"读心术"成真了》（*Mindreading Scientists Predict Behavior*）。文章以此开篇："在德国的某个实验室，志愿者们被推进一台看起来像甜甜圈的磁共振成像仪，并在其中执行一些简单的任务，比如把两个数相加或相减。"与此同时，隔壁的科学家们正在尽力解读这些志愿者的心智，以判断他们在行动之前想了些什么。科学家们的判断依据是磁共振成像仪对大脑扫描后呈现的图像。柏林的神经科学家约翰 - 戴伦·海恩斯（John-Deylen Haynes）领导的研究团队取得了斐然成果，他们可以有效预测志愿者在这种情况下要做出怎样的决策：到底是打算做加法，还是做减法。

志愿者们被告知，在看到某个任意数字在屏幕上闪烁之前，他们只有几秒的时间来决定是加还是减。而就在这几秒里，磁共振成像仪与计算机相配合，呈现出了志愿者大脑活动的图像。研究人员便可据此预测他们会做出怎样的决策：一种图像暗示他们打算做加法，另一种则暗示他们打算做减法。不过，正如文章中所说："这个启动于 2005 年 7 月的研究难免有所局限，到目前为止，仅有 21 人参与了实验。而 71% 的预测准确率也只比随机选择的准确率高了 20% 左右。"

尽管如此，还是一石激起千层浪。宾夕法尼亚大学精神病学教授保罗·沃尔普（Paul Wolpe）评论道："如果真的可以预测个体心中的意图，我们对主观思想的理解将达到一个全新的水平。"这项研究的一位成年参与者坦娅表示："这让我感觉很奇怪。好在我知道他们只有在某些机器的协助下才能做到，不然我真的会担心，是不是连街上的陌生人都能读懂我的心思。"还有一些人则对这种解读他人心智的应用结果表示担忧："科学家的步子迈得太大，已经到了伦理学家都要紧张的地步。"

解读心智，真是了不得！

然而实际上，就连两三岁的孩子，每天也都在使用这种解读心智的能力。非但如此，我们甚至发现婴儿也能弄清楚他人的意图。孩子们甚至都不必用那些花哨的机器，只靠自己那并不特殊、仍在发展中的认知能力，就能检验、推断他人的心理活动与心智状态。事实上，我们每个人都在以这种平凡但惊人的方式施展着解读心智的能力。

那篇文章的作者采用了一种评论者的视角，所以行文有着猎奇感与警示的意味。可当我们看到某个人抬头仰望晴朗的夜空时，就能看出他已在点点繁星的影响下"神游天外";当我们乘坐飞机,看到邻座的乘客突然起身,费了很大力气去取头顶上的行李箱时,就知道他一定是想拿什么东西。一番折腾后,当他终于拿到了自己的笔记本电脑,我们立刻明白:原来他找的就是这台电脑。

不管是成年人,还是孩子,每天都有着类似的经历,解读心智离我们并不遥远。非但如此,我们甚至还很擅长这件事:即便不用那些昂贵的设备,也能比科学家们做得更好。虽然我们也不能保证预测绝对准确,但如果是限定条件下的简单预测,正确率有可能超过70%。毕竟,大多数情况下,我们是在较为复杂的情况下进行心智解读的。

那么,我们究竟是如何解读心智的呢?我们为什么要做这件事?又是什么时候学会的?这项能力会怎样影响我们的生活、自我意识以及和他人的互动呢?要是有人不会解读心智,又会怎样呢?如果我们解读后的结果是错误的,该怎么办呢?所有这些问题,本书都有解答。但我不妨先给出一个简短的答案:对心智的解读既是我们赖以生存的基础,又是我们生活的要务。

我对这些问题极为着迷并钻研了30多年,不少科学家也与我一样,在此领域深耕多年,他们对本书同样做出了卓越贡献。其中一些科学家的名字在书中有所提及,与之相关的内容会出现在最后的注释中,所以我并不会在正文中引用。与此同时,出于阅读体验的考量,当我引用他人的文章或故事时,没有使用省略号与括号。在转述中,我尽量确保改动与删减都不损作者原意。在注释中,我也专门标注了可以在哪里找到未经删改的原始引文。

在此,我向这些科学家深表谢意。同时,也感谢参与研究的家长们、孩子们,以及无名的贡献者们。

# 你知道是什么最终决定了孩子的社交能力吗？

- 一岁的孩子就能展现出揣摩他人心智的洞察力，且整个童年期都在发展，就像身体机能与语言技能的发展一样。这么说对吗？
  A. 对
  B. 错

- 能够理解别人跟自己想的不一样，是心智解读力发展的第一步，也是孩子社交的起点。孩子是从多大开始能够做到这一点的？
  A. 18 个月左右
  B. 3 岁左右
  C. 4 岁左右
  D. 5 岁左右

- 以下哪个行为不能判断孩子心智解读力的高低？
  A. 撒谎
  B. 保密
  C. 说服
  D. 假想

# READING MINDS

第一部分

# 什么是心智理论

# 01

**心智理论
让我们与外界相连**

READING    MINDS

2010 年，被困在超过一千米厚的岩石泥土下 17 天后，33 名一息尚存的智利矿工终于被找到。通过一条细细的电缆，矿工们得以向地面传递信息。其中一位矿工在给妻子的第一条信息中这样说：

> 我们原以为自己就要饿死了。我多么想告诉你我们还活着，却根本做不到，你完全没法想象这让我的灵魂多么煎熬。[1][①]

这条信息揭示了人性中最基本的一面：我们会不断地以内在的心智来揣度他人与自我。即使在这种极为艰险的处境中，矿工依然会发出简略的信息：他以为会饿肚子，苦于无法联系上妻子，还担心妻子不知道自己还活着。

---

① 本书注释均通过数字上标方式标注。扫描 213 页二维码即可下载全部注释内容。——编者注

我们拥有一种极为发达的能力，可以用来解读并诠释心智状态。凭借这项能力，我们可以理解这两句简短的话语并得到更多的信息。在矿工的陈述中，我们觉察到的有：恐惧、决心、希望和疲惫。虽然我们并不确定这位矿工的心智状态具体如何，但知道他已被困地下 17 天之久，也知道救援行动已经开始，搜救人员最终找到了他们。把他的话和我们已知的信息一结合，就能在他的话语中同时解读出如释重负与身心俱疲。

我们所做到的这一点，其实是人之为人的一个特性。日日夜夜，无时无刻，我们都在试图进入别人的思想。我们观察他人的言行，以弄清他们的想法、感受、希望和意图。更令人惊讶的是，我们竟真的能做到。我们不仅可以洞察别人内在的心智状态，还可以解读、表述和交流自己的心智状态，从而向他人表达自我或帮助自己厘清思路。

解读心智是一种普通的日常技能，但我们对它的学习会从婴儿时期一直持续到成年，从不间断。从那些下意识的评断，再到深思熟虑后的决策，我们无时无刻不在解读心智。我们未曾主动去做这些事，但也难以自控。

**人类在本质上是社交的生物，即使最孤僻的人也会社交，所以解读心智就成了一种至关重要的技能。**

我们由父母抚养，在家庭和社区中成长，不断与他人互动，关心着他人并与之合作。我们当然要去探究这个满是交往的世界，进一步去了解自我和他人。这样，人与人之间的交往才会更有秩序、更靠谱，而非混乱、不可控，让人难受。

**只有人类如此广泛地发展出了这种解读心智的能力。人类学家认为，从理论上讲，这项技能是我们作为智人进化的关键。**[2]的确，研究人员发现，仅 10 个月或 12 个月大的婴儿，就开始具有这种技能了，这也说明它对人类生存来说举足轻重。从那时候起，我们对理解自己和他人的思想越来越熟练，也越来越依赖。

解读心智已是我们生活中根深蒂固的一部分，我们甚至都不曾注意过，自己无时无刻不在使用这一技能。某个星期五的晚上，一家人围坐在餐桌旁，这时倘若不去解读心智的话，那些没有经过意识加工，直接进入我们眼帘的感官信息，将是这样的：

> 塞在几件衣服里的皮囊[3] 垮搭在椅子上，还毫无规律地动来动去。
> 皮囊的顶端，有两个动来动去的小黑点，黑点下面则有个窟窿，能发出
> 不规则的噪声。

这样的一幕既可怕又怪异。可我们只要稍微运用一些对社交的基本理解，那么"皮囊"就变成了"家人"，"噪声"也就变成了"麻烦把土豆递给我"和"甜点吃什么"。再使用心智解读力，我们会明白：父亲想吃土豆；比起蔬菜，女儿更喜欢吃甜点。如果小儿子在席间烦躁不安，我们甚至能读出他的想法："难道我们还没吃完吗？"只要我们打算探究他人的想法，就会不断地进行这种普遍存在却十分有效的心智解读。心理学家称其为"心智理论"。

**心智理论使人类区别于其他物种，它定义了我们以何种方式对自我和他人进行思考。**我们无时无刻不在好奇与思虑着，别人在想什么、想要什么，以及担心什么。不仅如此，我们还是唯一会这么做的物种。

令人惊讶的是，这个庞大、复杂的理解系统并不通过单方面的灌输来延续，也不依靠什么能死记硬背下来的脚本。我们每个人都靠自己创建了包罗万象的心智理论，用于理解所有人的社交运作模式。终其一生，我们都在采用这一理论来

解读他人的想法，以理解我们的社交世界。本书的重点，是我们如何在孩提时期发展出了心智理论，它又是如何将我们定义为不同于他人的个体，并赋予我们更加强烈的人性光芒。

## 人类社交之源

我儿子特雷 ① 刚满 4 岁的时候，有一次跟我说："爸爸你闭上眼睛。"

"为什么？"我问。

"我要做点儿你不喜欢我做的事儿。"

那时的特雷开始学着解读心智了，但他还太小，所以有点儿画虎不成反类犬。特雷知道隐瞒真相有助于自己得到想要的东西：爸爸要是不知道，那他就不会反对了。但特雷不知道还有更深的一层：我得对他想采用的计策一无所知，这才行得通。

在任意一个孩子身上，我们都能看到种种发展的迹象。父母们看到孩子先学会了爬，之后是走，最后是跑。我们还看着他们从学会说话，到掌握阅读，再到能够写作。同样，研究人员也能看到孩子们怎样一步步学着去解读心智。

**一岁的孩子就能展现出因心智理论而来的洞察力，且整个童年期都在发展，就像身体机能与语言技能的发展一样。**

---

① 此为化名。我有两个儿子，考虑到他们的隐私，我将他俩的生活经历加以混合，撰写了特雷（Trey）的事例。

特雷快 3 岁的时候，有一次我们去动物园，那天游玩的最后一站是礼品店。一堆玩偶迷住了他，有小企鹅、小狮子、绒布小蛇，还有长颈鹿。

"我想要一个。"他说。

"你的生日快到了，到时候我们会给你买一个当生日礼物的。"我们告诉他。

生日当天，特雷打开了礼物盒，里面装着一只小狮子，没想到他却哭了起来。等他平静下来后，跟我们解释说："但是，但是，我想要那个绿绿的、毛毛的！"

我们一回到礼品店，特雷就指向了一只绿色的鳄鱼。后来，那个鳄鱼玩偶很快被取名为"布菲"，而且它还有一系列的继任者——"布菲二号""布菲三号""布菲四号"……它们相继成为我们家的成员。同时，也许就跟"布菲们"所期待的一样，特雷还会代表布菲开口说话。

**心智理论发展道路上的最初表现之一，就是理解并坚持某个需求。**几乎所有父母都记得孩子"可怕的两岁"这个阶段。因为这个时期，孩子第一次意识到自己的需求与父母并不相同，也开始拒绝妥协，坚持自己的想法绝不松口。因此，"布菲"才得以进入我们的生活。如果特雷那时只有 12 个月大，他就不会明白，他在"有什么""说什么""要什么"这些方面，可以和我们不同。

## 心智理论的意义

孩子在了解自己和他人的需求之后，就可以预测别人会想什么了。以特雷为例，当他告诉我"闭眼别看"的时候，他的想法是："如果爸爸看见了，他就会知道我在干他不让我干的事情。"在密歇根大学，我有个儿童实验室，我们在那儿给特雷做过一次经典的测试，证明了他的确有这种能力。首先，我们给特雷看了两个盒子，一个是糖果盒，另一个则是纯白色盒子。当我问他糖果盒里有什么东西时，他说："糖果！"但等他打开这个盒子时，却发现它是空的。相反，那个纯白色的盒子里，竟装满了糖果。

然后，我把盒子合起来收好时，研究助理格伦达走了进来。"格伦达特别喜欢糖果。"我告诉特雷。格伦达也热情地点了点头。"那么，格伦达会去哪个盒子里找糖果呢？"我问。

特雷在3岁半时第一次接受这个测试，5岁时又接受了一次。在此期间，他的能力发生了翻天覆地的变化。3岁半时，和几乎所有这个年龄的孩子一样，特雷认为格伦达会去纯白色盒子里找糖果。这是因为他知道，糖果就在那个盒子里。

在这个年龄段的孩子，能理解不同的人会有不同的需求，因此才有了"可怕的两岁"。他们认为大家都有一致的想法，既然他们知道糖果的位置，那格伦达当然也知道。所以说，在这个年龄段，孩子们总以为父母肯定知道他们把鞋放在了哪里，幼儿园里发生了什么事，以及他们究竟洗没洗手，即使这些事情发生时，父母并不在一旁。

但是5岁的孩子会怎样呢？他们中的80%会像特雷第二次参加这个测试时一样，说格伦达会往糖果盒里看。一年半的成长之后，孩子们已经能将格伦达的思维与自己的思维区分开来。他们能理解，如果格伦达要找糖果，她就会到糖果盒里去找，因为那是她自己认为会有糖果的地方。她的行为是由她自身的错误信念驱动的，而非糖果的真实位置决定的。5岁的孩子可以模拟格伦达的心智进程，进而预测出她对"在哪里能找到糖果"会产生错误的信念。

很聪明吧？那当然了。不过实际上，这是地球上各种社会文化里的每个孩子都能发展出的智力能力。对孩子来说，这只是一种毫不费力的游戏。虽然孩子们觉得这些点点滴滴的进步并不难，但它们却是人类独有的心智解读力的基础。心智理论的形成并非易事，它内在的复杂组合揭示了我们该如何理解人类社会化心智的运作模式。实际上，它还将讲述一个人之所以为人的故事。

**如果没有心智理论，我们就无法与他人合作或竞争，也无法了解自我或结交朋友，甚至无法学会撒谎、欺骗和伪装，更遑论与机器人和智能手机互动，最后都只会说些无用的闲言碎语。**

为什么我们中的一些人成了宗教信徒，另一些人则成了无神论者？为什么所有人都爱听故事，却只有某些人成了小说家？为什么有人喜欢恐怖电影，有人却特别反感？最终的答案，就是心智理论。

## 错误信念酿成的悲剧

理解心智理论的基础，在于要理解它是理论，而非事实。把当前的理论当作一个镜头，通过它过滤所有信息后，才可以为我们提供对于当下信息的最佳解释。有些时候，一旦镜头变了形，就会得出错误的答案。我们可以在 4 岁的亚当正在吃胶水的时候，看到这种情况：

亚当："我不喜欢吃这个。"
妈妈："那你为什么要把它放进嘴里啊？"

亚当："我还以为好吃呢。"[4]

亚当原以为胶水很好吃，但他发现自己想错了。他之前有着错误的信念，但现在他有了新想法：如果你想吃点儿好的，那就别在胶水瓶里找了。

一系列学习行为占据了我们早期生活的大部分活动：学我们想要什么，不想要什么；学我们的想法什么时候是对的，什么时候是错的。与此同时，我们也在学习与别人打交道等类似行为——这种学习会贯穿整个成年期。

拿我之前送给丽波姨妈的那条蓬松的蓝色马海毛披肩来举例子吧。我当初之所以选择这条披肩，是因为我以为她会喜欢。可当她打开礼物包装时，我却能从她的脸上明显看出，这实在不是件招人喜欢的好礼物。她当时还想掩盖一下情绪，可没能做到。对此，我的心智理论再度被激活：她为什么不喜欢这条披肩呢？是因为讨厌蓝色，还是对马海毛过敏？姨妈是不是认为披肩只适合上了年纪的妇女，而她不想那么显老？于是我再去寻找更多与心智理论有关的信息，以便更好地了解丽波姨妈。

丽波姨妈收到一件令人失望的礼物，格伦达也没有得到美味的糖果，亚当更不幸，他把胶水给吃了。心智理论未必可靠，它一犯错就会导致悲剧的发生。

已经流传了几个世纪的经典故事《罗密欧与朱丽叶》，其实也是基于同样的错误。角色在信念上出现了致命的错误，这导致了故事悲惨的结局。

由于两家人是不共戴天的世仇，罗密欧与朱丽叶不得不秘密结婚，还必须逃离原来居住的城市，和他们那些互相仇视的亲戚保持距离。迫于无奈，罗密欧要先行逃亡，但他稍后还要回来，以帮助朱丽叶脱困。罗密欧离去后，朱丽叶制订了这样一个计划：她会服下一剂猛药，让自己看起来像已经死了几天的样子。等她被放进家族墓穴后，就会苏醒过来，并在那儿等着罗密欧来接她，再一起私奔。但是罗密欧并不知道朱丽叶已经服下这种药，他在墓穴中发现朱丽叶时，朱丽叶还没有醒，看上去就像死了一样。让人绝望的是，罗密欧不想独留世间，便服毒自杀了。等朱丽叶醒来，发现罗密欧竟已因她而死，便也自杀殉情了。

他们之间这痛苦的悲剧，源于罗密欧的错误信念，这个错误让那些喜爱此剧的人难受了几百年。有趣的是，一旦对剧本进行适当简化，就连 5 岁的孩子也能理解，罗密欧的行为是基于错误的想法。这也意味着这些孩子的心智理论在组织性、即时性、成熟化方面，又迈出了一步。

但是，的确有人没能发展出这种心智理论，可就像孩子们与莎士比亚笔下的人物一样，这些未能发展出心智理论的人也能教给我们很多东西。

## 假如没有心智理论：孤独症与心盲

坦普尔·葛兰汀（Temple Grandin）是世界上最著名，也是功能水平最高的成年孤独症患者之一。她是科罗拉多州立大学的动物科学教授，可纵然兼具才智与成就，葛兰汀也像其他普通孤独症患者一样，不具备我们普遍拥有的心智理论。她距离能够解读心智还很远，这种现象被称为心盲[5]。

葛兰汀和其他孤独症患者能使我们了解到，如果生活中没有心智理论，也无法解读他人心智，那将是一种怎样的感觉。用葛兰汀本人的话来说，她就是"搞不懂"人与人的社交和互动。她不得不像个局外人一样，用类似把拼图一片片拼好的方法，来一点一滴地领会人际交流。在 1993 年的一次采访中，她对奥利弗·萨克斯（Oliver Sacks）说："在大部分时间里，我都感觉自己像是个身处火星的人类学家。"[6]

在与萨克斯的交谈中，葛兰汀还谈到了她早期的工作。她当时设计并建造了自己的第一个"人道化"的牲畜屠宰场，可工厂刚刚投产，机器就接连不断出现故障。就算她进行了认真深入的研究和规划，也于事无补。这究竟是为什么？

为了找到原因，葛兰汀排查了每一个自然因素。她一个接一个地处理掉这些隐患，直到她意识到，唯一没变动过的，只剩一个名叫约翰的工人了。直到这时，她才意识到，在那个年代，整个畜牧业都是男人说了算，她作为一个在社交表现上多少有些怪异的女性，自然会遭受嫉妒与质疑，而这进一步引发了人为的渎职。这是她从没想到过的原因。"我不得不因此变得多疑起来。"葛兰汀说。

正如萨克斯所写："因为天真又易轻信，葛兰汀成了各种诡计和剥削的首选目标。她无法理解那些虚情假意，这也让她越发显得真诚。"因为有孤独症，她甚至都没想过应探究一下别人的动机，更没有怀疑过别人可能就是想给她找麻烦。葛兰汀还说自己看《罗密欧与朱丽叶》时一头雾水，她告诉奥利弗·萨克斯："我都不明白他俩究竟想干什么。"

在人格、生活经历和个人能力上，没有哪两个孤独症患者是相同的。由于症状和缺陷的范围太广，专家们会说这些人同处于一个"孤独症谱系"之中。其中，最高功能的孤独症患者可以拥有正常的，甚至高于正常水平的语言能力和综合智商。孤独症患者也在发展，但这种发展往往是无序的。

坦普尔·葛兰汀的情况是这样的：她到3岁时，都还不会说话，这通常预示着未来的发展会严重受限。在幼儿园期间，她被诊断出了脑损伤，还要接受专门的治疗。可她母亲当时就拒绝了这些干预，还为葛兰汀安排了专门的私人言语治疗以及特殊的强化学习训练。因为这些，葛兰汀渐渐走出了阴影。1986年，她出版了名为《星星的孩子》（*Emergence*）的自传。"语言只能一点一点进入我的脑海，每次也只有那么一两个词。不过在那之前，我根本不会说话，只会尖叫。"现在的她，口语表达已经很流畅了，已经成为畜牧处理设施领域的著名设计师。①

拥有像葛兰汀这么高的成就与能力水平的人，在孤独症患者中并不常见，可她在理解他人以及与之互动时，仍然会遇到接连不断的严峻问题。人群中社交的事务一直都困扰着她。经过数年的拼搏努力，葛兰汀才掌握了一些理解外界的方法，而这些方法对别人来说，简直易如反掌。葛兰汀终于找到了一些方法，来弥补自己在心智理论上的缺陷。

英国孤独症专家尤塔·弗里思（Uta Frith）说过："孤独症从不曾远去。孤独症患者的确能够，而且往往能在很大程度上弥补自身的缺陷，但在可持续性方面仍有不足，毕竟有些东西既无法被纠正，也无法被取代。"对此既无法治愈，也没有什么"彻底克服"的方法。7

葛兰汀曾说："即使我能打个响指就不再自闭，我也不会这么做，因为一旦做了，我就不再是我了。"但就算如此，她也为自己的缺陷写下过这样凄美的文字：

> 不管在城镇中，还是在大学里，我都不适应自己的社交生活。跟我
> 打交道的人，除了与畜牧行业有关的，就是对孤独症感兴趣的。我把多

---

① 据葛兰汀的官方网站记录，由她设计的畜牧设施遍布美国、加拿大、墨西哥、澳大利亚、新西兰等许多国家。在北美洲，被屠宰的牛里有差不多一半是由她设计的系统来处理的。

数星期五和星期六的晚上都用来写论文。我对事实性的知识才有兴趣，就算是拿来消遣的读物，也都跟科学和畜牧有关。对小说里的那些人际关系，我一点儿兴趣都提不起来。

她还总结道："如果没有充满挑战的事业，我的生活该多可怕啊！"

正如葛兰汀所证明的，在缺少心智理论的情况下生活是可行的。但她更让我们明白，如果一个人没有发展出一种常规的心智理论，不清楚别人在想什么、想要什么，以及感受如何，生活会变成什么样子。

## 关于这本书

心智理论贯穿童年的整个发展阶段。它要比婴儿、儿童、成年人甚至猿猴在实验室里做的那一两次测试更加复杂，也更有趣。掌握日常使用的心智理论是人类最突出的智力成就之一。这种成就既宏大，又是基础性的。当我们看到那些孩提时期的思想在成年后或成为人的优势，或变作缺陷，也会不由得感叹。

这本书展现了普通孩子如何通过一系列有序的、可预知的和奇特的步骤来学习解读心智。如果不去了解这些步骤，那在获取社交能力、连贯讲述生活故事、欣赏戏剧电影，以及生活自理这些方面，就会给孩子带来负面影响，并最终影响其成年后的生活。若深入了解过这些步骤，我们则能更加深入地体悟人类的共同本质，更了解孩子们以及我们自己的童年，更有效地传递知识和向别人学习，并更好地驾驭我们的社交生活。

在本书中，有 3 岁孩子关于假装的最早观感，也有小说家如何通过虚构来创建真相，我还会追溯这两者间的关系。我将揭示一个 6 岁孩子对超级英雄的理解，如何转变为神学家对神和来世在概念与关系上的认识。我还将展示孩子们对内在情感和思想迅速生发的意识，这不仅与"可怕的两岁"相关，更关系到他们对苦难自发的同情，而这又转而引导了我们成年时思虑法律与道德方面问题的种种。

在这个过程中，本书会向你介绍那些说谎的人、科学家、可爱的孩子、各种不同的文化、那些或普通或卓越的思想，还有婴儿、黑猩猩和狗的心智如何运转。还将向你展示孩子们是如何依靠他们不断拓宽的心智理论，逐步成长为政治家、科学家、团队成员和骗术大师的。

本书还探讨了我们当下社交世界里的种种问题，而这些问题的答案都源于我们童年时代对心智的解读。我们为什么会沉迷于"八卦"？为什么与外界交谈，哪怕对象是宠物和电器？为什么在媒体上、孩子们的书籍里，以及我们对自我的认知中都充斥着故事？还有那些与超级英雄、想象中的同伴、对神的信仰、个人身份、全知全能有关的种种疑问。

生而为人，怎会对人本身不好奇？而这本书，能满足我们的这种好奇心。

# 02
## 解读彼此心智的
## 能力让我们成为人

READING        MINDS

无论哪种社会文化中的成年人都喜欢闲谈。有研究人员专门在商场、地铁和机场休息室中，边听边分析人们的对话，发现闲谈占据了我们所有讲话时间的 65% 左右。[1] 而且这一结论无关说话者的年龄与性别。

当然也有例外，葛兰汀就曾表示，她很烦社交中的闲谈。在她的青少年时期，同龄人之间的那些互动对她似乎毫无意义。女孩子们爱谈论服饰、男友，以及某人跟某人说了些什么话。"我简直无法理解，为什么我的同龄人能花几个小时谈论某个没有实质内容的话题。"葛兰汀说。[2]

但对其余的人来说，闲谈八卦实在令人着迷，甚至永远都说不够。这一现象也引发了科学家的好奇心。

## 闲谈八卦是人类的本能

比较人类学家罗宾·邓巴[①]在他的《梳毛、八卦及语言的进化》（*Grooming, Gossip and the Evolution of Language*）一书中指出，"八卦"源于我们作为灵长类动物的长久传承，不仅如此，人类还是其中最擅长这方面的物种。

这些闲言碎语往往禁不住推敲，要么捕风捉影，要么真假参半。但从本质上讲，这些或好或坏、或真或假的闲话，都能透露出某个人的信息。

> **闲言碎语之所以能吸引我们，一部分原因是它为我们提供了一个广阔的信息平台，使我们在了解他人的内在机制方面，能够"众人拾柴火焰高"，收获远超个人努力所能达到的效果。**

美国的八卦新闻由来已久。卢埃拉·帕森斯（Louella Parsons）和赫达·霍珀（Hedda Hopper）在国家级报纸上开设过联合专栏，专门刊载好莱坞明星在 1930—1960 年的各种八卦。而安·兰德斯（Ann Landers）、卡罗琳·哈克斯（Carolyn Hax）和阿比盖尔·范布伦（Abigail VanBuren）等人撰写过的"建议指南类"专栏文章，则涉及更多与普通人相关的琐事。我们之所以喜欢阅读这些内容，正是因为那些"建议"并不适用，我们也喜欢从文章里窥览他人的生活和困境。

内容几乎完全是八卦的《人物》（*People*）杂志，便是在这种基础上发展

---

[①] "邓巴数"提出者、牛津大学进化人类学教授罗宾·邓巴（Robin Dunbar）在"深度理解社群"四部曲之一《社群的进化》一书中详细阐释了人类社群的秘密。该书中文简体字版已由湛庐引进并策划，四川人民出版社 2019 年出版。——编者注

起来的，并成为美国最受欢迎的杂志之一。2017 年，《人物》在全美发行量排名第 9。同年，《美国退休者协会》（*AARP*）排名第一，而《体育画报》（*Sports Illustrated*）排名第 12。

除了《三真一谎》（*3 Truths and 1 Lie*）这样的短篇稿件外，《人物》主要都是以个人为主题的文章，往往篇幅较长且大量使用对话。《人物》最近对伊娃·朗格利亚（Eva Longoria）的专访稿里面就有这样的话：

> 我很幸运，在很小的时候就学会了"志愿者"这个词。它成为我们家庭中不可或缺的一部分。通过运作伊娃·朗格利亚基金会（Eva Longoria Foundation），我意识到自己想专注于教育领域。于是我专门做了研究，去了解在美国，究竟谁在教育领域最容易被忽视，结果发现是拉美裔人群。我想：我就是拉美裔，我所在的社群正需要帮助。[3]

《人物》从不正面报道事件本身，而是不断地在聊伊娃跟美国政界人物之间发生了什么，或者与卡戴珊姐妹们（Kardashians）之间的八卦。这让我们得以窥探，或者起码能猜测一下，这些名人都有着怎样的思绪、想法、希望、失意和梦想。

尽管《人物》的主要读者是女性，但接收并传播闲言碎语的，可不仅是女性。我本人就是《体育画报》的订阅者，它也算是一本面向体育迷的八卦杂志，当然，受众也主要是男性。

《体育画报》里的故事报道不会局限于具体的比赛、赛季分析或战绩探讨，也不会探讨比赛中的技术统计，或者关心伤病名单的变化。恰恰相反，文章的重点往往是运动员、经理人、教练和整个团队如何去应对比赛中的胜局、失利和伤病。这样一来，就为读者更深入地了解圈内人的生活、思想和事业提供了跳板。

没有什么能比关于第 50 届超级碗的文章更能说明这种现象了。佩顿·曼宁（Peyton Manning）的最后一击，可能成为丹佛野马队取胜的关键吗？这场胜利能否为他的职业生涯画上圆满句号？这将是他本个跌宕起伏的赛季的最终章，还是一位名人堂级别球员的谢幕式？

曼宁在 39 岁时换位去打四分卫，并尝试融入一个截然不同的新进攻体系。这一系列故事便回溯了他的这一段传奇历程。故事里有：曼宁本赛季初期糟糕表现的详细数据——在 9 场比赛中仅有 17 次拦截和 9 次达阵①；曼宁职业生涯中第一次坐上了板凳席；许多伤病也愈加频繁地找他的麻烦；当然，还有他卧薪尝胆，否极泰来，最终赢得了超级碗的胜利。

不仅如此，这篇文章还分析了丹佛野马队总经理约翰·埃尔韦（John Elway）聘用曼宁的利弊得失。此外，不要忘了这个背景：曼宁和埃尔韦交情一直很好。这是最普遍的，甚至是最好的谈论八卦的方式。

没有心智理论，就不会有闲谈八卦的存在。这些闲谈八卦不仅是我们和他人之间的普通交流，更具有一种社会认知性：通过交流，我们能了解人们的不同意图、癖好、偏爱、信仰、善举和恶行。不管是面对面地直接交流，还是通过媒体间接传播，闲谈都反映了我们思考他人的行为、生活和思想之后的倾向，同时也很好地阐明了我们心智理论的运作模式。从本质上讲，正是我们那颗不停琢磨他人的心驱动了闲谈八卦的产生。

---

① 达阵是橄榄球比赛中的得分方式，即"触地得分"。——编者注

## 日常心理学不仅是专家的事

在我们生命中的最初几年，通过分析他人的想法、欲望、意图和感受，我们尝试去探究人们是如何成长为他们现在的样子，以及为什么要做出当下的行为。我们将这些信息一点点组织成理论体系，也就是一种可以帮我们理解种种事物的框架。

在尝试理解人们的日常行为时，我们会把它们分为三个大类：他人的思想、他人的需求和他人的行动。不仅如此，人的思想和需求往往会导致行动的产生。对伊娃·朗格利亚的报道中引用的话就很有代表性："想专注于教育领域……我想，我就是拉美裔，我所在的社群正需要帮助。"基于这些想法与需求，她才创立了伊娃·朗格利亚基金会，从行动上"帮助拉美裔妇女通过接受教育来改善生活"。

同样，即使曼宁已年近不惑，约翰·埃尔韦依然认为他有实力赢得下一次超级碗。不仅如此，埃尔韦还想要丹佛市、野马队加上曼宁本人，一起赢下超级碗。那他采取了哪些行动呢？他把佩顿·曼宁拉进了丹佛野马队。

人们最基本、最日常使用的解读他人行为的理论框架从何而来？正是我们平日的社交互动和包括八卦在内的小道消息。依靠正规、标准的教育，我们是学不会这些理论的，它也不涉及什么自我、本我、心理疾病和种种疗法，更不涉及大脑机制和激素影响。这些心理机制既普遍存在又顺理成章，所以也被称为日常心理学或直觉心理学。

在我们平日里对别人"想什么""要什么"的分析之中，"想法"和"需求"是两个基本类别，同时，它们还包含着有细微差异的更深层区分，如表2-1所示。

表 2-1 "想法"与"需求"的差异

| 想法 | 需求 |
|------|------|
| 创意 | 偏好 |
| 知识 | 希望 |
| 信念 | 动机 |
| 猜测 | 倾向 |
| 信仰 | 愿望 |
| 奇思 | 义务 |

依靠个人经验，我们也能发现，哪怕将想法、需求和行动的含义指涉范围扩大，也无法囊括所有的情况。情绪、冲动和感知诱发了我们的想法和需求，进而引发了行为和反应。从这种种纷繁复杂的元素中，我们构建出了一种能够解释社交世界如何运作的个人系统，也就是我们的心智理论，如图 2-1 所示。

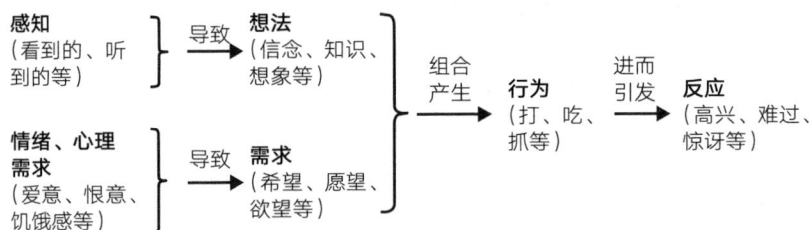

图 2-1 人类的心智理论系统

图 2-2 则以罗密欧的视角为例，向我们解释了这个系统如何运转。因为罗密欧 "爱"朱丽叶，他就"想"和她在一起。同时，因为罗密欧"看到"自己的家族与凯普莱特家族爆发了冲突，所以他"知道了"自己的家族肯定会强烈反对这桩婚事。所以，他只得与朱丽叶私订终身，只要能跟朱丽叶在一起，他就欣喜若狂；可一旦被迫分开，他便觉度日如年。

感知
（看到了两大家
族之间的纷争）

┐导致 想法
    （知道自己的
    家族不可能接
    纳朱丽叶）

情绪、心理
需求
（爱着朱丽叶）

┐导致 需求
    （想和朱丽叶
    在一起）

组合
产生 行为
    （私订终身）

进而
引发 反应
    （在一起的时
    候非常高兴，
    不在一起的时
    候极度难过）

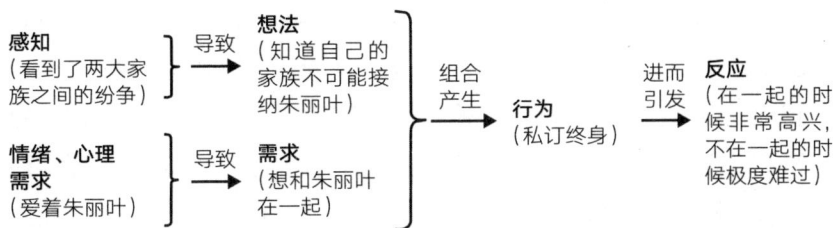

**图 2-2　罗密欧视角下的心智理论系统**

**心智理论系统还能帮助我们解释和预测行为。**按照图 2-1，如果从右向左套用系统，就可以解释事件为什么发生，如果从左向右套用，就能预测会发生什么事件。

- **解释：**罗密欧为什么想和朱丽叶在一起？因为罗密欧爱朱丽叶。罗密欧为什么要与朱丽叶私订终身？因为罗密欧看到自己的家族与凯普莱特家族有冲突，还知道家人肯定会反对这桩婚事。
- **预测：**我们猜想，罗密欧在和朱丽叶结婚时会有怎样的感受？他会很高兴，甚至喜不自胜。那我们预测一下，罗密欧被迫与朱丽叶分开时，又会有怎样的感受？肯定会非常痛苦。

情绪和生理上的某些状态会滋生我们的欲望，而感知和经验则为我们的想法奠定了基础。与此同时，行为所导致的结果也引发了更多的连锁反应。这就是我们分析"人如何运转"的方法，同时也由下而上地构建了一种帮助我们理解社交世界的有效系统框架。只要我们身处社交生活，就会经常无意地重复使用这套系统。也恰恰因为我们熟悉这一套分析流程，所以才能理解罗密欧与朱丽叶的爱情故事，以及生活中他人的闲谈、意图、行为、情感、思想和欲望。就是它，让我们有了解读心智的能力。

依靠心智理论，我们内心形成了很多精准的预测和正确的解释。但常在河边走，哪能不湿鞋？就像罗密欧，也有误以为朱丽叶死了的时候。尽管"我们的解释总是正确，预测也总是精准"这种想法也不错，因为它能带给我们一种安全感、一种可理解之感，而这恰恰又是我们构建心智理论的初衷。但科学家还是发现我们在预测和解释方面，存在着特别薄弱的短板。有这样一个不容忽视又常常"出人意料"的例子：我们越是希望准确无误的，越是不一定能做到准确！有研究表明，**在判断一个人是否撒谎时，我们所有人都表现得非常糟糕，无一例外。**有时候，心智理论带给我们十分有效的预测和解释；但它有时也会把我们引入歧途。无论以哪种方式，心智理论都向我们展现出了它强而有效的力量。

## 无处不在的谎言、欺诈和骗局

2003 年 2 月 5 日，科林·鲍威尔（Colin Powell）出席联合国安理会全体会议，为美国对伊拉克采取的军事行动做出辩解。[4] 鉴于鲍威尔的背景、功绩和地位，他的演讲很有说服力。但是，鲍威尔告诉联合国以及美国人民的大部分内容都是假的。如今回想起来，鲍威尔当初的演讲显然有所隐瞒，甚至还有误导听众的错误信息以及谎言。

当初引发战争的许多不实信息被曝光后，美国参议院的一个特别小组对此专门进行了调查。他们的调查报告详细介绍了针对鲍威尔的联合国演讲，国务院幕后的激烈辩论。

其实在鲍威尔发表演讲之前，国务院的分析专家就已经发现了许多漏洞，其中包括重要的不实情报。不过，所有的错误中只有一部分得到了纠正。鲍威尔后来承认，他向联合国做了一次内容并不完全属实的汇报。他还说，在某些情况下，他接收的信息也被做过手脚，"会故意产生误导性"。

报告失实或许归咎于鲍威尔手下的工作人员，或许他本人是在明知故犯。我个人更倾向于认为，鲍威尔是被当枪使了。不管真相怎样，我们都应注意到基础的一点：美国内外的大量新闻工作者、历史学家、政治家以及数以百万计的各界人士花费了无数时间，来评估这次事件关键参与者的意图、欲望、疑虑、希望、抱负、感受，以及他们究竟知道什么，又不知道什么。我们分析着鲍威尔、美国总统和其他人，这恰恰演示了生活中从不间断，又不可避免的一部分：我们身不由己，必须去理解他人内在的心智状态，我们想要解读别人的内心想法。

"从不间断，不可避免"，这样说并不夸张。这两个词甚至都不一定能展现出我们对这种思维的重视程度。像解密一般去分析科林·鲍威尔事先知道些什么、有怎样的想法、意图是什么，以及如何决策等，恰恰是我们日常生活中大部分时间的常态。

暂且抛开鲍威尔的其他事情不谈，很明显，他本人也被蒙蔽了，甚至不止一两次。我们之所以怀疑他刻意误导，是因为不相信他居然没发现自己被骗了。他在分析和评估他人，以及解读军事情报和情报来源方面有丰富的经验，他还精通军事和政治。在人群之中，他理应是最能识破谎言的那个人。但就他受骗的程度而言，他其实没能识破别人的谎言；就他欺骗我们的程度而言，我们也没能识破他的谎言。

这是为什么呢？

## 怎么把骗子揪出来

我们经常会主动判断别人是不是在撒谎，而且研究表明，我们对自己的判断往往充满信心。我们很清楚想要引自己上钩的谎言是什么，而且有一辈子的生活经验来避免被骗。但奇怪的是，这些经验并不能转化成专业的技能。我们可能变得经验丰富，却不会成为防诈骗专家。

大多数人都有与识别骗子相关的心智理论，例如，撒谎会让人思维混乱，因为撒谎者会想："也许我会被识破，所以我必须要保持警觉，这样谎话才能编得圆。"这就会让撒谎者感到紧张。这种紧张情绪又会让人焦虑、出汗、烦躁、避免跟别人对视。研究表明，几乎所有人都相信这一点，但我们都错了。

在一种经常使用的研究步骤中，人们被要求讨论自己日常目睹的生活事件，同时被录制下来。有些人是如实描述的，有些人则撒了谎。这些视频随后被呈现给其他成年人看，观众需要努力分辨视频上的人是不是在撒谎。

在这些以及其他类似的研究中，观众通常都信心满满。他们说撒谎者会视线游移、表现烦躁、举止紧张。甚至在不同的国家，在试图揪出骗子时，人们都选择了同样的行为表现作为线索。得克萨斯基督教大学的社会心理学家查尔斯·邦德（Charles Bond）在心理学和统计学方面著作颇丰。他在书中写道：在58个国家的研究中，有51个国家的人常常把欺骗与游移不定的目光联系在一起。人们还指出，小动作不断、坐立不安、频繁改变姿势、声调升高和口误等，也都是撒谎的证据。我们就是这样明确而又一致地指出了"撒谎者"该是什么模样，它就像匹诺曹的鼻子一样清晰可见。

但是，就算我们如此笃定，几百项研究还是表明，我们压根儿分辨不出谎言，也找不出撒谎的人。这里面的一些研究用到了录像视频，另一些则是面谈；一些针对普通大学生，另一些则专门考验像警察和审讯专家这样的"高手"。可在所有这些研究中，接受考验的人都屡屡失败，根本无法准确指认究竟谁撒了谎，谁又说了实话。

意大利科学家贝拉·德保罗（Bella DePaulo）已经研究了 20 多年"欺骗"，他与查尔斯·邦德联手，将这些数据汇总到一个大型综合研究中，做了专门的"元分析"（mela-analysis）①。[5] 对大量研究进行总结后，他们发现，**成年人在判断谁在撒谎时，平均只有 54% 的正确率**。也就是说，人们对"谁在撒谎"的判断仅仅比随机猜测的 50% 正确率稍好一些。即使像警察这样的专家，工作中经常评估他人是否撒了谎，表现也并不比从未受过训练的毛头小子更好。

考虑到我们对人们撒谎时的行为有诸多共识，这些研究结果就不由得让人产生怀疑。研究毕竟不同于现实，其结果也可能会误导我们。或许研究对参与者来说并不重要，这导致他们在分辨的时候根本就没有尽心尽力。

保罗·艾克曼（Paul Ekman）和他的同事对此专门开展了一项研究。[6] 艾克曼是加州大学旧金山分校医学院的名誉教授。历经 40 年的职业生涯，他在科学界已无人不知，在警察、联邦调查局和特勤局的圈子中也无人不晓，因为他自称有着一手"捉谎"的绝活儿。

在职业生涯的初期，艾克曼曾针对护理系学生进行了一项研究。他设置了一种情境，使研究对象很难隐瞒内心真实的感觉和信念，却不得不这么做。在艾克曼的安排下，学生们听到了这样一个故事：

> 假设你正在急诊室值班，一位母亲抱着一个血肉模糊的孩子冲了进
> 来。你知道孩子正在忍受剧烈的疼痛，而且几乎没有机会活下来，但你
> 还是不能表达自己的真实想法。你必须要克制自己，还要在医生赶到之
> 前，帮助这位母亲平复下来。

---

① 元分析是以综合已有的发现为目的，对单个研究结果进行综合的统计学分析方法。——编者注

对学生们来说，这个故事既是考验，又是练习。这之后，他们将参与这样一个实验：

> 首先，你会看一段让人身心愉悦的电影片段，里面是多姿多彩的海洋奇景，与此同时，你还要向一个无法看到这段电影的人直白地描述自己的感受。随后，你还会看到一些即使在护理行业多年，也会觉得惨不忍睹的场景。
>
> 但是，还是有一个看不见这些画面的人等着你去形容自己的感受。你却不得不暂时隐藏自己的真实感受，尽力通过描述来让对方觉得你在看另一部让人愉悦的片子。比如，你可以竭尽全力地形容，你现在看到的正是公园里那些盛开的鲜花。可你实际上看到的却是一段让人不寒而栗的视频，一位严重烧伤的患者正在忍受剧烈的疼痛，看上去已经到了需要截肢的程度，而他血肉模糊的伤处，正插着截肢需要用到的手术器械。艾克曼说："这是我们能找到的最惨的视频片段了。"

这些护理专业的学生正处于受训初期，他们还不曾经历要在面对如此惨状的同时，还得说出善意的谎言。这种情况下，想测出他们有没有撒谎，应该更容易吧？另外，学生们都非常期待自己能在培训中取得好的成绩，而这次考验恰恰也是培训的一环。这样一来，就算这些学生要表演，那也是把测试当作一个会在现实生活中有所反馈的重要任务来好好表演。简而言之，这个实验既公平，又有说服力。

学生中只有少数几个人实在不擅长撒谎，被轻易地识破了，而其他人都成功蒙蔽了判断他们撒谎与否的人。评委们事先并不知道实验详情，只是被要求做出一个简单评断：对面的这个学生是否在如实描述他看到的视频。只有极少数几位评委判断正确率大于 50%。

另外还有一组"多疑"的评委参与了实验。这些评委在做出判断之前就被告知，学生可能看到两段截然不同的情景片段，但评委们并不知道自己正在评估的学生当下看的是哪一段。始料未及的是，这些提前被"剧透"的评委，和那些一开始就不知情的评委表现得相差无几。

如果我们假设鲍威尔在联合国演讲之前被人蒙蔽了，那他当时的表现其实也算合理。因为在正常情况下，即便我们有理由去怀疑他人，也确实不擅长辨别谎言。

但为什么会这样呢？我们既听信别人的谎言，也撒过不少谎。社交中，我们竭尽全力来解读他人心智，可怎么还是辨别不出哪些是谎言呢？

也许人们针对谎言所构建的心智理论是错误的，对撒谎如何影响行为的信念本身就有疏漏。"撒谎会让人视线游移、坐立不安。"很多人对此深信不疑，但它并不正确。这个似乎理所应当的错误论断传播甚广，并显示了心智理论的一个关键特征：它是理论，而非事实。我们依托事实、观察、假设和思考来构建理论的系统框架，以便有条不紊地去分析外界事物，但我们所收集的素材，有时却是错误的。

在知道了谁撒了谎、谁说了实话之后，科学家们重新分析了视频材料，以准确界定"撒谎的人究竟有何表现"。基本的结论如下：虽然无数人都认为，不敢跟别人对视、紧张的小动作是判断他人撒谎的重要指标，但实则不然。

德保罗和她的同事们通过另一个元分析研究，有效地验证了这一发现。在涉及几千名成年人样本的 100 个研究中，他们发现，是否躲避对视并不能预测对方是否撒谎，其他紧张的表现，如坐立难安、脸红、说话结巴等，也同样达不到预测效果。

尽管有了这样的研究结论，关于撒谎的刻板印象依然普遍存在。即便是受过专业训练且经验丰富的人，也难以规避它们的影响。一线执法人员经常说，犯罪嫌疑人说谎时会有意避免与他们对视、视线飘忽不定、手指动个不停，回答问题也犹犹豫豫，而且随着审讯的深入，还会越来越紧张。弗洛伊德也说过：撒谎的人指尖上的小动作不断，全身的每个毛孔里都渗透出背叛的气息。

但研究显示，哪怕人们说的是实话，表现也差不多。他们仍然会为了表现出顺从而避免目光接触，面对警察的时候尤甚；他们也会视线游移，可能是因为只有眼神放空，才能更好地回想起自己之前在哪里，做了什么；他们同样也表现出犹豫不决，因为想尽量保证自己提供的信息正确无误；至于突然开始紧张，则完全可能是在自己与警方所提问题全无关联的情况下，担心警方怀疑到自己头上而已。

汤姆·布罗考（Tom Brokaw）多年来一直是NBC《晚间新闻》（*Nightly News*）的主持人，也是《今日秀》（*Today Show*）里面作风强硬的访谈主持人。他说自己一直在警觉地挖掘那些人们不愿意公之于众的、潜藏着的真相。"我从人们身上得到的线索，大多数来自他说的话，而不是他的肢体语言。我不依靠一个人的表情或动作来判断他是否撒谎。我抓住不放的，是那些自相矛盾的回答，以及对方是否在老练、圆滑地跟我打马虎眼。"

就算是这位训练有素的分析专家兼访谈高手，也没抓住要领。研究表明，虽然确实有人在撒谎时会把话说得更迂回婉转，还表露了更多的不必要信息，但也有很多人会采用截然相反的策略：撒谎时所讲的话，既直接又明确。非但如此，很多诚实的人讲话恰恰委婉又啰唆，这完全是他们的讲话风格。

总而言之，尽管看上去不可信，我们所认为的那些能分辨出谎言的线索，也都同时发生在说谎话的人和说实话的人身上。大多数成年人与各种谎言斗争了多年，但他们关于谎言的理论却始终是错的。

## 在错误的地方寻找谎言

难道没有人能分辨出谎言吗？

即使是像"测谎仪"这样已有百年历史的器材，也做不到。如果要接受测谎仪的测试，测试对象要被问及一系列问题，还要被连上各种电极，以记录呼吸、心率、皮肤电阻等反应指标。这些指标一旦变动，就能被测谎仪检测出来。但有些时候，撒谎的人也能做到刻意保持大多数指标不产生明显波动。同时，没撒谎的人在被问到一些可怕的细节或让他们觉得自己被怀疑的问题时，也会担惊受怕，进而导致这些指标的数值波动。

但对护理系学生做过专门研究的艾克曼却认为他能够辨别出真正的谎言，而且能将这项技能传授给别人。他认为，诀窍在于，要对测试对象的身体语言、语气，以及通过面部肌肉展现出的至关重要的"微表情"进行详细、专业的分析。艾克曼正是以此成名。通过一系列艰辛的调研，他和同事们创建了"面部表情编码系统"（FACS），专门用来描述种种既能准确展现情绪，又能被观察到的面部动作。艾克曼在微表情领域的研究在马尔科姆·格拉德威尔（Malcolm Gladwell）的《眨眼之间》（Blink）一书中得到了盛赞，他还担任了电视剧《千谎百计》（Lie to Me）的顾问。艾克曼开发了"微表情训练工具"（METT），用于帮助个人学习掌握面部表情编码系统，来分析各种即时性的情绪表现。他还声称，微表情训练工具可以有效帮助执法人员提高工作中测谎的准确率。

艾克曼在情绪领域的研究的确值得推崇，但他在谎言辨别领域中的主张却很有争议。比如，微表情训练工具的言论素材来自对"真相奇才"们的研究，他们是一群在接受培训之前，在辨别谎言方面正确率只跟随机水平差不多的人。随着计划的展开，一开始的 2000 名参与者最终只有 50 人能不经训练就连续、有效地分辨出谎言。这个人数占比实在太小了，完全可能只是随机现象。与之相应的，正如德保罗和她同事所做的元分析研究所呈现的，即使是经过专门训练的专家，也无法有效分辨别人是否撒了谎。

所以我们到底能不能分辨出谎言呢？简言之：不能。

但是，心智理论也有辜负我们的时候。我们所秉持的观念指导了自己的行为，可源头竟是错的。纵然如此，心智理论对我们仍然至关重要。

## 我们的"社交脑"

我们在聊八卦时，在纠结谁在撒谎、谁在说实话时，在欣赏莎士比亚写下的悲剧时，甚至在思考格伦达那简单的错误信念时，都在自己内心世界参与着一系列奇观的构建。我们正利用着人类独有的、精妙绝伦的、强大无比的能力去解读心智。我们这样做，可没用什么心灵感应、塔罗牌和脑扫描设备，而仅用到了随时待命的心智理论。

英国心理学家尼古拉斯·汉弗莱（Nicholas Humphrey）以其对人类智力演化的研究而著称，**他认为"智人"与其被解释为"有能力共同从事复杂工作的人"，倒不如被定义为"有能力揣摩彼此心智的人"。**他表示：

在之前的动物界，这种心智解读力根本不是一种常规能力。公开讨论内心体验并不是什么让人无法理解的事，它其实是每个人两三岁之前就开始学习的一种游戏。这种基础的能力如此容易掌握，恰恰说明它是人类的天性。[7]

汉弗莱还强调，人类整体智力基于很久之前，我们祖先对社交越来越强的思考能力。如今，这一论断被称为"社交脑"假说。

汉弗莱认为，人类智力之所以出现，是因为原始时期的人类生活在一个日益复杂的社交世界之中。社交生活使得了解盟友、竞争对手越发重要，原因无他，这些人会帮助或阻碍人们获得食物、交配权和社会地位等。对盟友与敌人更深入的了解，也进一步促进了社交生活及社交推理。

罗宾·邓巴也支持"社交脑"假说。他认为，人需要和别人讨论其他人，于是才出现了各种闲谈八卦，而这恰恰又促进了人类智力和语言的进一步发展。

**在这几位科学家看来，心智理论之所以富有影响力，不仅是因为我们平日里想到别人、谈到别人时会自然而然地用到它，更是因为它本身就塑造与改变了我们的思维方式。而我认为，心智理论不仅是人类进化发展的产物，也是人类个体童年发展的结晶。**

心智理论由我们在生活、社交中长期积累的经验和学习成果构建而成，同时也源于我们的童年——早在孩提时期，我们就展现出了强大的力量。本书聚焦童年，不仅因为孩子们可爱又有趣，更因为，**探索儿童心智如何发展，是透彻理解心智理论的必经之路，也是理解我们自己和我们所处的社交世界的最佳手段。**

今天的我们，都是"有能力解读彼此心智的人"，从"一窍不通"到"解读心智"，这一路走来，却是风雨兼程。一切还要从孩提时代说起。

# 03

## 撒谎、保密、说服，
## 三个行为判断孩子的心智解读力

R E A D I N G   M I N D S

1954 年，经美国最高法院裁决，公立学校不得继续施行种族隔离政策。可直到 1960 年，美国联邦警察强行介入之前，路易斯安那州和新奥尔良市都拒绝执行这一要求。僵局最终在新奥尔良市两所小学的一年级被打破。3 名黑人孩子被送往麦克多诺小学，一名 6 岁的黑人女孩鲁比·布里奇斯（Ruby Bridges）则被单独送往威廉·弗朗茨小学，这两所小学之前都只供白人就学。美国新闻界将这次变革称为"新奥尔良校园反种族隔离危机"。[1]

新闻中并未太多提及布里奇斯本人。为了保护隐私，她的名字直到很多年后才被公开。大量记者蜂拥而至，是为了报道"啦啦队员"这一群体，她们是一群中年白人妇女，带着自家的孩子，通过抗议集会的方式来反对威廉·弗朗茨小学的行为。

她们人数不多，"实力"却不容小觑。约翰·斯坦贝克（John Steinbeck）在他的《横越美国》（*Travels with Charley*）一书中称，这些人所说的话"野蛮、下流又堕落"。布里奇斯在4名高大的联邦警察的保护下走进学校。一名女性威胁着要给她下毒，另一名则高举着装有黑色娃娃的小棺材招摇过市。示威者称布里奇斯是"又小又黑的虫子"。这让斯坦贝克很不舒服，他在那里驻足了半个小时，最终"愤然离去"。

　　可话说回来，"啦啦队员"们的确"起到了作用"。1959年，威廉·弗朗茨小学在读学生有550人，到布里奇斯入学那年的11月，就只剩3名了。

　　跟布里奇斯同在一个教室的，只有亨利夫人，她是整个学校唯一一位愿意在"非种族隔离教室"授课的老师。布里奇斯甚至以为自己是学校唯一的学生，直到次年春天，她才发现在另一间隔离教室里，还有三四名一年级学生。布里奇斯在她自己的教室里吃午餐，也没有课间活动，除了老师，她没有接触过学校里的任何人。

　　一年级快要结束时，几名白人孩子回到了学校，这时布里奇斯才有那么一两次机会在操场上碰见别人。此时的布里奇斯对同伴之间的种族歧视知之甚少，她在一个被隔离的黑人社区长大，后来又去了一个被隔离的幼儿园。她曾经回忆道："一天清晨，一个小男孩对我说'我不能和你一起玩儿，因为我妈妈说你是个黑鬼，她不让我跟黑鬼玩'。"

　　任何孩子的一年级生活，都不应是布里奇斯那样的。她每天早上走进校园的时候，都在忍受着责骂、呵斥和种种威胁。她被孤立在自己的教室中，在操场上也会被排挤。最关键的是，她连个朋友都没有。

**研究结果已经非常明晰：缺少友谊，会给孩子的社交和学业带来严重的负面影响，这种影响还可能会一直持续到成年。**

缺少友谊还会诱发许多其他的负面结果，包括自卑、社交焦虑、沮丧抑郁、孤独寂寞和自杀意念，等等。[2]

但好在布里奇斯挺过来了。她后来结了婚，有了孩子，事业有成，并在1999年成立了"鲁比·布里奇斯基金会"，致力于传播"对差异保持宽容、尊重与欣赏"的价值观。

当年布里奇斯面对着那么多的艰难险阻，是如何处理得当的？

其实，一个孩子在心智理论方面的水平，与他免受同伴交往问题困扰的能力密切相关。我们之所以如此笃定，是因为可以利用错误信念测试，比如让特雷预测格伦达会去哪儿找糖果，来评估他的心智理论水平。有研究发现，以色列的学龄前儿童越是能理解错误信念，越会受外界欢迎，也更能融入集体。而同样的测试，在澳大利亚、英国、美国、加拿大，以及其他许多国家也得到了验证。[3]

**心智理论上的进步不仅可以帮助孩子结交朋友，还能帮他避免失去友情，更会影响到孩子保密、知会他人、哄骗、说服、辩解等技能。这对人的社交幸福至关重要。**

错误信念的相关研究，为洞悉心智理论如何影响儿童乃至成年人的生活提供了一个重要途径。

## 掌握了错误信念的孩子

在发达国家的学龄前儿童身上，显示出了对错误信念的理解如何影响了他们的思维和行动。这种理解还会影响他们对别人思维和行动的解释。我得重申一遍，这能给他们的自身幸福带来强烈而持久的影响。

但这种技能，是世界各地的孩子都要力图掌握的吗？因为世界各地的孩子都能在长大后成为能力完备的社交个体。可如果这与心智理论没有什么必然关系，那我的诚挚建议，岂不是要打个折扣？

让我们先去非洲看一看。

巴卡族（Baka）是位于非洲中部雨林的狩猎采集部落。巴卡人身材矮小，相对高大的成年男性身高也仅1米5左右。他们曾经被称为俾格米人，这最早是古埃及人对他们的称呼，现在却成为一种蔑称了。

巴卡族是游牧民族，他们在森林中建立临时营地。男性族人使用毒箭狩猎，也会设置陷阱和捕鱼，女性则种植南瓜、木薯和香蕉，采集野生芒果、蜂蜜之类的食物。

1990年，牛津大学的两位研究员杰里米·阿维斯（Jeremy Avis）和保罗·哈里斯（Paul Harris）对巴卡族的儿童进行了错误信念理解能力测试。[4] 测试在孩子们的家庭营地进行，由两位巴卡族人，少年莫普法纳和老年男性莫比萨，来表演一段专门编排的短剧。测试的对象是3～6岁的儿童。

一开始，每个孩子都和自己的母亲一起来到营地里的某个小屋。莫普法纳和莫比萨在炉火旁坐下，前者开始烤野生芒果仁——这是巴卡族的传统美食。炉火旁放着一个有盖的碗和一个有盖的锅，小屋内还有些其他物品，比如篮子和堆起来的衣物。

孩子们坐在莫比萨的腿上，看着莫普法纳把芒果仁从火上拿下来放进碗里。随后莫普法纳会声情并茂地讲："看看我刚烤好的这些芒果仁！真甜哪！跟糖一样甜！太美味啦！好吃！但在吃这些芒果仁之前，我要先去男人们聚会的屋子抽会儿烟，很快就回来享用它们。"随后，莫普法纳把碗和锅的盖子盖上便走了，孩子们、母亲们以及莫比萨留在了屋子里。

莫比萨年龄大，所以他的地位比莫普法纳高，接下来发生的事情便顺理成章。莫比萨会说："莫普法纳已经走开了，他看不见我们在做什么。来吧，我们玩个游戏。把芒果仁从碗里取出，然后藏起来。你觉得咱们该把它们藏在哪儿呢？"

许多孩子会主动把芒果仁藏到锅里或那堆衣服中。要是孩子们没有把芒果仁藏起来，或者藏得不够隐秘，莫比萨就会说："藏到锅里吧。"随后他会继续说："行了，芒果仁藏进锅里了（或其他地方）。"并追问孩子 3 个问题。

- **问题 1："等莫普法纳回来了，他会去哪儿找芒果仁？碗里还是锅里？"**
  这是关于错误信念的一个经典问题。孩子们应该会像大人们一样，说莫普法纳会去碗里找，因为他离开之前，把芒果仁放进了碗里。莫普法纳产生了一个错误信念，并会基于此采取行动。

- **问题 2："莫普法纳走到碗旁边，把碗盖打开之前，他是高兴，还是不高兴？"**
  如果孩子们能明白莫普法纳内心的想法，就应该说他会很高兴，因为他以为自己能拿到美味的芒果仁了。

- **问题 3："揭开盖子之后，莫普法纳是高兴，还是不高兴？"**

这是一个能起到控制变量作用的问题，它确保孩子们明白了这件事的前因后果，还知道碗现在是空的。孩子们只要知道了这两点，就明白等莫普法纳揭开盖子，却只能面对一个空碗时，自然会悲伤或生气，也就是"不高兴"。

几乎所有年龄段的孩子都正确回答了第 3 个问题，但是在前两个问题上，孩子们回答的准确性因年龄不同产生了差异。4 岁半到 6 岁这批年龄较大的孩子，回答问题 1 和问题 2 的正确率大约在 90%，大幅超过了 50% 的随机水平。而 3 岁到 4 岁半这批年龄较小的孩子，正确率却低于 50%。

这些发现与第 1 章中"糖果盒"任务的研究结论几乎完全相同。尽管存在很大的文化地域差异，孩子们在大约 4 岁半时，在理解事物方面产生了飞跃式的发展。在这个年龄节点之前，大多数孩子都还不能理解一个人是可能拥有一种错误信念的。而在这个年龄节点之后，大多数孩子就能做到了。

## 与错误信念相关的元分析研究[5]

图 3-1 展示了一个元分析研究，其中包含了超过 250 项针对儿童如何理解错误信念的研究。如果儿童在像莫普法纳会"看向碗"还是"看向锅"这样的两个选项之间进行随机选择，也就是只有 50% 的正确率时，那在这张图上就会被标为 0 分。

图 3-1 显示出，虽然孩子的发展进程有快有慢，但不管在哪个国家，他们的表现都徘徊在 0 分的随机水平。

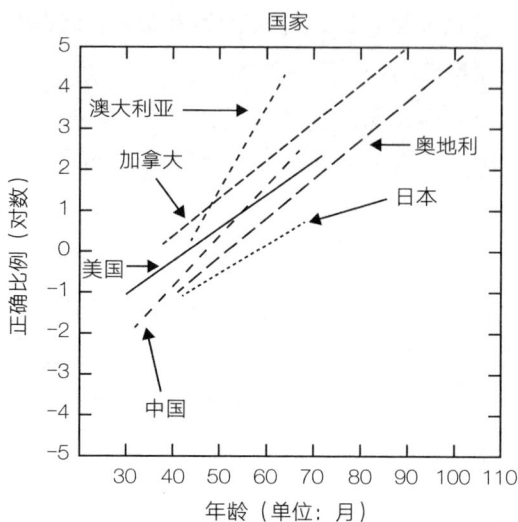

**图 3-1 与错误信念相关的元分析研究**

这张图还揭示了其他截然不同的信息。孩子们一开始对错误信念的理解始终不对，一直处于 0 分以下，但随着年龄渐增，逐渐正确，再没低于0分。巴卡族的孩子如此，来自不同国家的8000多个孩子也是如此。在学龄前儿童心智理论的发展进程中，对错误信念的理解是一个重要而普遍适用的里程碑。

图 3-1 的研究中，有一些采用了像"找芒果仁"这样的位置更改任务，还有一些采用了有欺骗性的任务，比如在普通盒子里有糖果，糖果盒里却空空如也。有些研究要求孩子做出口头应答，有些研究类似于在巴卡族进行的任务，简单地用手指一下，稍做示意就行。有些研究会要求孩子判断他人的行为，比如："莫普法纳会去哪儿找芒果仁？"有些则会问及想法，比如："莫普法纳会怎么想呢？"另一些还会问及情绪，比如："莫普法纳是会高兴，还是不高兴？"有些研究要求孩子判断的对象

是莫普法纳这样的真人，有些则使用了录下来的视频片段，还有些使用了木偶或故事人物。这些任务千差万别，但研究结果高度一致。所有的孩子都以相同的方式，给出了自己的答案。

但不同的孩子掌握这项技能的年龄也不一样。孩子们对错误信念的理解发展有快有慢，这种差异会影响他们在社会交往中的体验和互动。

尽管如此，如图 3-1 所示，随着对错误信念理解能力的变化，学龄前儿童对人们"想什么""要什么"的理解水平也发生了实质性的变化。要知道，这一阶段的孩子都还是小不点儿，没准儿连踢球、骑车都还没学会呢。

孩子这么小的年龄就已经在社交理解方面如此厉害，足以说明这种能力对孩子们来说至关重要。

## 谎言与欺骗

汤姆·索亚是美国小说塑造的经典角色，他是个性子急、口才好、虽不怎么老实但很有想象力的人。他虽然只是文学作品中的虚构人物，却展现了强而有力的心智理论。

在马克·吐温所著的《汤姆·索亚历险记》（*The Adventures of Tom Sawyer*）的开头，汤姆就开始撒谎了。在一个炎热的下午，汤姆逃了学去游泳。为了不惹麻烦，他编好了一段精心设计的谎话，在马上就要骗过抚养他长大的波莉姨妈时，却因为同父异母的兄弟西德插了一句嘴——"汤姆的穿着跟早上出门时有点儿不同"，而功亏一篑。为了不受责罚，汤姆夺路而逃。

所有父母都不希望自己费心费力却养出个骗子，波莉姨妈因觉得自己对汤姆管教不严而自责。

**但撒谎并非看上去的毫无益处，它其实也是孩子成长的重要一步，更是一种重要的社交技巧。**

不妨想象一下这样的世界，人们总是不假思索地脱口而出不经措辞的真相："我就没见过这么难看的画。""你今天的发型简直惨不忍睹。"回到我们小时候，如果奶奶送给孙女一件毛衣，孩子回应："谢谢奶奶，我正想要一件毛衣！"这是皆大欢喜的局面。可实话却完全可能是："我想要个芭比娃娃呀！"

如果杜绝所有的谎言，大家抛弃一切社交上言不由衷的场面话，生活反而会更艰难。孩子不是生来就会撒谎，更不是生来就懂怎么讲善意的谎言。我弟弟在跟某位保姆初次见面的时候，脱口而出："天哪，你这长脖子简直瘦得皮包骨啊！"结果这位保姆再没登过我家的门。

孩子是什么时候、怎么学会这种花里胡哨的技能的？他们又是如何以这种方式变得更加社会化的？当被问及："你家孩子是从几岁开始撒谎的？"大多数父母会说："4岁左右。"孩子的谎言包括：假意否认（"我没干！"）；假意责备（"是他干的！"）；假意声明（"我爸同意了！"）；假意夸大（"我也能行！"）；假意不知情（"我不知道谁弄坏的！"）。

为了弄清楚为什么孩子从这个年龄开始撒谎，科学家付出了巨大的努力。是因为孩子的语言水平提高了吗？还是因为他们更聪明了？实际上，**撒谎行为的出现，主要是因为孩子在心智理论方面功能水平的提升**。不管是撒谎的能力，还是欺骗的水准，都会随着孩子对错误信念的理解加深而一再提高。

科学家进行了大量研究，才得出这一结论。例如，有两三岁孩子的父母报告过这样的情况，说自家孩子会"假意否认"，不承认自己做过的事，或者"假意夸大"，说某个东西有着不符合常识的大小。但只要心智理论没出错，孩子们在差不多 4 岁半之前，是不可能以这种方式撒谎的。因为在两三岁这个阶段，他们读不懂别人的想法，也无法欺骗别人。

为了弄清楚情况，研究人员在实验中采用了"诱惑"任务。先让孩子看着一个大人把"等会儿就给你"的礼物放在容器中，但是不让孩子看到礼物具体是什么。然后大人离开房间，并告诉孩子不许偷看。与此同时，研究人员通过单向镜或录像机观察、记录孩子的反应。在这项经典研究中，大约 90% 的两三岁的孩子都有偷看行为。

大人回来后会问孩子："你偷看了吗？"大约有一半的学龄前儿童会说"没有"，这似乎就是在撒谎。虽然这些明显撒谎的孩子已经占了相当一部分比例，但实验对象的年龄如果再大点儿，比例还会更高。等他们到了 5 岁，撒谎率会高达 80%。

已有进一步的研究解释了这种差异，并表明了为什么那些不理解别人怎么想的孩子，看上去像撒谎了一样。那是因为这些年龄很小的孩子并不是想要欺骗实验者，而是在努力避免遭受惩罚。

假如妈妈指着一个碎花瓶问："是你干的吗？"这种质问就像实验人员问"你偷看了吗"一样，为了不惹祸上身，或者避免拿不到礼物，孩子会否认。即使是很小的孩子，也知道闯了祸的人没好果子吃，只要把自己撇清，那就不会惹上麻烦了。做到这一点，需要了解事物之间的因果关系，但不一定需要了解他人的想法如何运转。不管采用了什么手段，目的都一样：趋利避害。但是，撒谎更加复杂：它是通过刻意营造一种误解，进而达到趋利避害的效果。

为了更好地了解撒谎的行为机制，多伦多大学的李康（Kang Lee）领导的团队专门研究了如果孩子在预估行为后果不严重时，会怎么做。[6] 在孩子们看不见的情况下，李康和同事们在他们身后放了一个紫色的人偶玩具。随后，大人们离开房间，并告诉孩子们不要偷看，但是没有提及礼物或是任何可能让人产生期待的信息。在拍摄了孩子们是否偷看的视频之后，大人们还会跟孩子聊一会儿天。一旦将惩罚排除在外，使用标准的错误信念测试获得的、孩子对他人信念的理解水平就可以预测撒谎行为了，相关系数范围为 0.4 ～ 0.7。[①]

为了更准确地理解，可以以成年人的身高和鞋子尺码之间的相关性来打个比方。一般而言，越高的人，脚越大。但也有例外：有的人身材高大脚却小，也有的人身材矮小脚却大。身高与鞋码之间的相关性系数通常在 0.6 左右。从统计学上讲，这种相关性已经很强了。同样，在统计学上，对错误信念的理解能力与撒谎行为之间的相关性也很强。

## 从相关到因果

就算事物甲与事物乙相关度很高，也并不意味着甲就导致了乙的发生。比如对老年人来说，爱玩填字游戏与拥有更高水平的记忆功能、认知功能有很强相关性。但这能否证明，多玩填字游戏可以预防老年人认

---

① 撒谎和对错误信念的理解水平两个因素之间的相关性系数可以在 0 ～ 1 变化，或者从理论上讲，在 -1 ～ 1 变化，达到 1 则表示可以进行准确预测。在这种情况下，随着孩子的年龄越来越大，他们对错误信念的理解能力也在逐步增长，同时撒谎能力也持续提高。如果相关性系数水平在 0 ～ 0.1，那对错误信念的理解力就不能有效预测撒谎行为的发生；如果在 0.1 ～ 0.3，那么其相关性比较弱；如果在 0.3 ～ 0.5，相关性已经很明显了；超过 0.5，则意味着达到了强相关的程度，而且数值越大，相关性越强。因此，李康靠错误信念理解能力预测撒谎行为的研究结果为 0.4，其实已经是一个较高的相关水平了，而其他的研究结论中提及的 0.7，相关性则非常强了。

知功能下降？其实不然，平均来看，与不玩填字游戏的老年人相比，爱玩的老年人在受教育水平和财务状况上要好一些，而影响了他们认知功能、健康水平的，恰恰是这些教育资源与财产储备。

研究人员会通过几个步骤，确定某个因素在什么时候会导致某个结果，而非仅仅是相关。其中的关键一步就是要排除无关元素，留下真正的影响因素。比如在评估孩子对错误信念的理解水平与撒谎之间的关系时，经常会考虑到综合智力、语言能力和我们故意用来控制自己言语、行为的"执行功能"。这些能力都随着学龄前儿童心智理论水平及撒谎能力的提升而提升。

但即使排除了综合智力、语言能力和"执行功能"等所有其他能力的影响之后，对错误信念的归因推理能力还是可以很好地预测孩子的撒谎行为。

心智理论赋予了我们能明白他人想法的能力，而撒谎只是其中的冰山一角。

## 隐瞒与秘密

一个午夜，汤姆·索亚和朋友哈克·费恩带着一只死猫来到了某处墓地。他们原计划用一套看似靠谱的方法来治疣子。两人打算把猫扔在大恶人的墓碑上，然后再念咒文：

猫啊，猫啊，跟着鬼跑！
疣子，疣子，跟着猫跑！
我和疣子，一刀两断！

但在他们动手之前，却目睹了三名盗墓贼间的争执。三人打到最后，叫印第安·乔的杀掉了另一个盗墓贼，第三个人莫夫·波特则被打晕了。乔把杀人凶器——一把刀，塞进了波特手中。

东窗事发后，乔指控波特是杀人凶手。汤姆和哈克知道事实并非如此，又害怕跳出来说实话，乔不会善罢甘休，他们只能保持沉默。虽然是不得已而为之，但马克·吐温在书中描述道："那场可怕谋杀案的秘密不断折磨着汤姆，简直像一颗永不罢休的毒瘤。"

在小说里，秘密有着举足轻重的地位，生活中也是一样。但它的影响不一定就是消极的，比如：秘密可以营造出亲密感。十几岁的女孩只会跟最好的朋友讲，她爱上了学校里的某个坏男孩。

构成秘密的最基本要素，是至少有一个人知道了另一个人不知道的事情。我们中的大多数人，都能回忆起这样的事：有个孩子承受不了秘密带来的压力，露馅儿了。有一次我过生日，我家 3 岁的孙女和她的妈妈一起给我准备了礼物。我才进门，她就说了出来："是本书哟！"

琼·佩斯金（Joan Peskin）和维多利亚·阿迪诺（Vittoria Ardino）专门对孩子是如何保守秘密的进行了研究。[7] 他们让学龄前的孩子在学校厨房里帮一位老师藏好了一个生日蛋糕。孩子们还被反复告知："这可是个秘密，不要跟别人说。"随后，这个孩子就被单独和老师留在了厨房里。

3 岁的孩子中只有 30% 能保守秘密，4 岁的孩子能达到 70%，5 岁孩子中有 90% 能做到。一系列测试发现，孩子在错误信念方面的能力表现，与他们能不能保守秘密有很强的相关性，系数达到了 0.62。也就是说，能更好地理解错误信念的孩子，也就更不容易把信息透露给第三方。

**儿童的心智理论在学龄前阶段逐渐趋于成熟，这对他们碰到的社会行为，如"保守秘密"，产生了显而易见的重要影响。**

## 说服

汤姆·索亚因逃学被罚去粉刷篱笆。一开始，他满心怨气又拖拖拉拉，但不一会儿就想出了好点子：只要说服朋友们主动去粉刷篱笆，自己不就省事儿了吗？"哪个男孩子能天天有机会刷篱笆啊？……我想，在一千，也许在两千个孩子中，也找不出一个能按波莉姨妈的要求刷好这道篱笆的。"汤姆故意这么说。

很快，就有朋友来替汤姆干活儿了，他也乐得当甩手掌柜，整个下午优哉游哉的。我们没准儿也曾期待过拥有跟汤姆·索亚一样出色的口才。

孩子们最早会使用泪水和"求求你了好不好"这样的恳求作为说服他人的手段。如果这些策略是单纯靠模仿学来的，比如跟着自己的哥哥姐姐有样学样，那就不涉及心智理论。但要想像成年人一样去说服他人，往往需要揣摩听众的想法。

怀俄明大学的卡伦·巴奇（Karen Bartsch）和同事们试图分辨哪些说服是模仿，哪些采用了汤姆的处事方法——依靠的是对信息的有效管理。[8]

在他们的研究中，孩子们首先会看到一只"非常乖巧安静"的小狗玩偶。然后，研究人员会跟一个叫特里西娅的木偶人说："特里西娅，小狗想让你摸摸它。"

特里西娅则回答："哦，不要，因为我觉得小狗会咬人！"

随后，参与研究的孩子会被问到要跟特里西娅说什么，才能让它去摸摸小狗。"我们应该告诉特里西娅小狗很乖巧，还是很安静？"

这之后，第二个木偶人克里斯进入了场景。它也不想抚摸小狗，这次是因为："我觉得小狗的叫声太吵了！"参与研究的孩子再次被问道："应该跟克里斯说小狗很乖巧，还是很安静？"

孩子们能不能明白木偶人关注的要点，进而使用不同的内容来说服特里西娅和克里斯呢？如果一个孩子能做到，那他明显揣摩过对方的想法。

在这个及其他几个相关研究中，3 岁孩子的表现基本只处于随机水平，4 岁孩子则强于随机水平，5 岁的孩子则表现更为出色。

巴奇与其同事们都表示，这种有互动性的说服行为，是和孩子对错误信念的理解水平相关的。其相关性对 3 岁孩子来说是 0.5，四五岁孩子则达到了 0.7。**孩子对错误信念的理解是说服他人的先决条件，善于说服别人的孩子往往都擅长分析错误信念。**

## 缺乏友谊的灾难

上面这一切，又与鲁比·布里奇斯有什么关系呢？

**理解错误信念的能力很强的孩子，不仅擅长撒谎，也是很好的保密者和说客，还更受欢迎，更能与同龄人相处融洽。**

昆士兰大学的弗吉尼娅·斯劳特（Virginia Slaughter）和她的同事们曾经发表过一份回顾既往元分析研究的报告，[9] 其中包括 20 项彼此独立的研究，涉及来自 10 个不同国家、总数超过 2000 的学龄前儿童、幼儿园和小学低年级学生。在所有这些国家里，孩子心智理论的发展水平都与同伴欢迎度相关。就算抛开性别、年龄之类的背景因素不谈，更高的心智理论水平，绝大多数时候也意味着对错误信念拥有更强的理解力，显著且始终如一地预示着更高的同伴接受度。更关键的是，擅长解读心智的孩子在学校里更能免受缺少友谊的困扰。

　　"同伴欢迎度低"和"没有朋友"并不是一个概念。通常情况下，一个孩子就算在学校不受欢迎，或被某些同学之间的小团体忽视，也至少有一个朋友可以建立起双方都满意的深厚友情。与此相对，有些孩子可能在某个小团体中很受欢迎，却未必有一个真正交心的朋友，所以才会感觉失落与不满。这些孩子才是真的缺乏友谊。

　　在一项研究中，马克·德·罗斯纳（Marc de Rosnay）和同事们观察了孩子们从学龄前到小学一年级之间的过渡情况，对孩子的社交生活和同伴关系来说，这可是关键时期。[10] 他们发现，学龄前儿童中具有较高心智理论水平的孩子往往不缺朋友：他们也许不特别受欢迎，但在过渡期间，他们至少能在学校里交到一个好朋友。**这种单一关系能够有效减轻因没有友情而出现的"自卑、社交焦虑、沮丧抑郁、孤独寂寞和自杀意念"。**

　　布里奇斯曾写过上幼儿园那年的事情，那是她走进威廉·弗朗茨小学的前一年，当时她和街区里其他孩子一起，上了约翰逊·洛克特小学。布里奇斯在《透过我的眼睛》（*Through My Eyes*）中这样写道："那一年，我真的很爱我的学校，还有老师金夫人，她那么和蔼，总是鼓励我，让我想起我的奶奶。她是黑人，当时黑人学校里的所有老师都是黑人。"

随后，布里奇斯开始了小学那一年没有朋友的生活。正如她在自传中所描述的，那段时间她开始做噩梦了，而且出现了饮食障碍。布里奇斯只能在教室里单独吃午餐，因为"亨利夫人要和其他老师在午休期间一起吃"。在学校，布里奇斯开始把三明治扔进储藏柜，把整盒牛奶倒进一大罐白糨糊里。在家里，她只愿意吃薯片、喝苏打水。

一放暑假，布里奇斯就去了奶奶家的农场，那儿有很多兄弟姐妹，她的饮食障碍随即消失了。"当时我只把那些夏天的时光当作自然而然的生活，但现在我明白了，那是上天赐给我的礼物。"接下来的几年，越来越多的孩子，有黑人也有白人，走进教室成为布里奇斯的同学。她的生活，也从那时开始走向成功。

布里奇斯是怎么办到的呢？我们只能根据一些线索做出推测。也许她的心智理论在 6 岁之前就已成熟，她在威廉·弗朗茨小学入学时，就能依靠对社交的深刻理解，来克服没有朋友的困扰，抵御外界的嘲讽与侮辱。也许是因为她在邻居中有朋友，或者在兄弟姐妹中有朋友，才能战胜困难。也许是她纵然身处那样艰难的学校环境，也并不是没有朋友支持，毕竟她曾描述过："亨利夫人就是我的良师益友。"

# 04

## 假想世界是
## 孕育心智理论的沃土

READING   MINDS

玛丽在两岁时有一个假想中的玩伴，名叫塔加尔。玛丽用一根假想中的绳子牵着他，还把想象出来的食物放在散热器的下面，那是它睡觉的地方。等玛丽长到了3岁半，塔加尔又多了两个玩伴："贝里"和"姨妈"。他们很快就成为一家人。玛丽在餐桌边给他们留出座位，问它们吃没吃饱，还带他们跟全家人一起去郊游。要是有朋友打电话来，玛丽还会坚持让朋友也跟塔加尔一家聊一聊。这3个假想中的玩伴从来不曾因为犯错被惩罚，但玛丽本人，就没这么幸运了。

在美国，大约30%的学龄前儿童会有一个假想中的玩伴。玛丽身上发生的事被玛格丽特·斯文森（Margaret Svendsen）在1934年记录了下来。[1]类似这样的故事，俄勒冈大学的心理学家玛乔丽·泰勒（Marjorie Taylor）在研究儿童假想中的玩伴[2]时，也听说过很多次：住在旧金山某个孩子家不远处的负鼠约书亚；3岁的隐形男孩赫卡，他话很多，有时还挺刻薄……

一位已近不惑之年的男人，还能回想起童年时的玩伴迪格和杜吉。杜吉是只爱说爱笑、喜欢打闹的狗，迪格则特别勇敢，能同时保护他和杜吉。他"会在沙盒里设计道路，还会在妈妈叫我回家的时候劝我留下多玩会儿"。

一位母亲跟泰勒讲，她儿子有一个叫诺比的隐形玩伴。泰勒问这个男孩多久和诺比玩一次，结果男孩皱起眉头回答："我不和他玩呀。"因为诺比是一位已经160岁高龄的商人了，他只是在往返西雅图和波特兰的商务旅行中来探望这个男孩。只要男孩想"找人谈谈"，诺比就会正好路过，前来拜访。对此，男孩的妈妈并不知情。

我在上学前，也曾有一个隐形的玩伴，他叫"无名氏"，是个年龄比我大的淘气男孩。他在的那段时间虽然短暂，却有个好处：只要我犯了错，就可以把责任推给他。

这种想象出来的玩伴会以各种形式出现。在比尔·沃特森（Bill Watterson）的经典漫画《卡尔文和霍布斯》（Calvin and Hobbes）中，霍布斯是一只毛绒动物，这就是一个经典的假想玩伴形象。在外界看来，霍布斯是卡尔文呼来喝去的一只没什么活力的老虎玩偶。可在卡尔文，以及作者沃特森的脑海中，它却时时给卡尔文惹祸，还总干过河拆桥的勾当。艾伦·亚历山大·米尔恩（Alan Alexander Milne）所创作的《小熊维尼》（Winnie Pooh）则营造了另一个世界，里面有多个以毛绒动物为原型的假想玩伴。米尔恩的儿子克里斯托弗把一头名叫爱德华的熊作为假想玩伴，正是它启发米尔恩塑造了维尼的个性。

泰勒发现，这些想象出来的同伴可能有具体的形态，比如毛绒玩偶，也有可能纯粹是在精神层面创造的。还有另一种，孩子会虚构出一种身份，比如"超级英雄""童话中的公主"，或者某种特殊的角色，如"电先生""闪电侠"。这些想象出来的同伴，通常与孩子本人有着截然不同的想法、情感和愿望。比如迪格很有胆识，无名氏会搞各种恶作剧，而赫卡从里到外都透着刻薄。

这些假想玩伴甚至会吓唬把他们想象出来的孩子，或对他们刻薄相待，这样的情况并不罕见。在泰勒所著的《想象中的玩伴和缔造他们的孩子》( *Imaginary Companions and the Children Who Create Them* ) 中，有一位母亲讲过，儿子在3～5岁期间，曾虚构出一个叫巴纳比的坏人，就住在他卧室的橱柜里。巴纳比身形魁梧，留着一把大黑胡子，"就喜欢吓人"。儿子经常让母亲好好检查橱柜，看看巴纳比是否藏在里面。母亲总是拒绝，儿子一直不能释怀，毕竟巴纳比还会隐形呢。更可怕的是，巴纳比还狡猾成性。有一次在飞机上，这位母亲告诉儿子巴纳比没上飞机，所以不会跟着他们到目的地。但她的儿子却说，巴纳比正在下一班飞机上追赶着他们。

一般而言，一个假想出来的玩伴会带着自己的感受与想法，借助一个真实的载体出现在家庭和孩子的生活中。比如，我的儿子特雷最终攒出了4个鳄鱼玩偶"布菲"。无论哪个，都有着同样的、不加掩饰的个性，我们全家人都承认并接受了这一点。我们外出旅行时，通常只允许特雷随身携带一只布菲，纵然如此，也够麻烦的了。在某次旅行之前，我听到特雷把所有的布菲集合起来，告诉它们这次他要带谁去，还专门交代他选好的那一个布菲，要照顾同伴们的感受，不许拿这件事来炫耀。

这些玩伴可能会被孩子们当作真实的存在去对待，但孩子们其实很清楚，它们都来自想象。我在密歇根大学做研究时，偶尔会有孩子带着一个毛绒玩偶来参与实验。有时我会向这个玩偶解释研究将怎样开展，这也是再给孩子说明一次的好机会。我甚至还会先让孩子讲讲他在完成任务时发生了什么，再问问这些玩偶有没有什么需要补充的，这非常有助于获取孩子对研究任务的进一步解释。经常有孩子专门打断我，确保我明白"它不是真的"，或者"我们只是假装是好朋友，它其实不会说话"。

根据玛乔丽·泰勒的报告，俄勒冈州的实验室里也发生过类似的事情。当她就一个假想玩伴的话题对孩子进行访谈时，那孩子会打断她，解释道："这都是假想中的，你知道吗？"泰勒描述过一个名叫迪基的男孩，他创造了一个虚幻农场，里面全是假想出来的动物。在一次家庭聚会上，迪基家的几个亲戚聊起了这事，他们都曾见过迪基假装在这个农场里玩耍。当时，亲戚们就这个农场和里面的动物展开了长时间的讨论，迪基却走到父亲旁边，跟他说起了悄悄话："告诉他们吧，那农场其实不是真的。"

## 孩子能否区分真实与想象

这些故事都表明，那些有假想玩伴的孩子，也同样能有效界定真实与想象，至少在对待这些特殊朋友的时候，他们是能够做到的。但是，其他时候他们也能做到吗？成年人可以轻松地把梦境、想法和记忆融合起来，依靠着想象创造出一个悬浮在空中的城堡，而且我们也知道，这是个"空中楼阁"，仅此而已。我们还知道，它与12世纪那些石头城堡并无相似之处。

但是，孩子们可以理解这一点吗？毕竟，不管是真正的狗，还是想象中的狗，都离不开大脑对"狗"的加工处理。也许只有经过时间打磨和经验积累，那些原本纠缠不清的真真假假，才能逐渐变得清晰起来。孩子们在什么时候、用什么方式掌握这样的技能，去辨别真实存在的事物和自己内心的假象呢？

让·皮亚杰在20世纪20年代开始研究这一问题，他后来成了儿童发展领域的典范人物。在照片里，他通常都顶着一头放荡不羁的白发，坐在凌乱不堪的办公室里，被无数的书和纸簇拥着，嘴里还叼着个大烟斗。也可能戴着贝雷帽，在瑞士的日内瓦一带骑着自行车，同样是烟斗不离嘴。

皮亚杰是瑞士的名人，为铭记他的功勋，瑞士人民在日内瓦的棱堡公园给他树起了一尊铜制半身像，像神学家约翰·加尔文（John Calvin）这样著名人物的雕像，也在同一个公园里。皮亚杰的贡献主要集中在心理学和哲学领域。[3] 他认为，如果想理解人类心智如何运转，就必须先了解它在人的发展历程中，是怎么形成的。对此我深以为然。

皮亚杰有关孩子的研究著作等身，这40多本书里包括针对几百个孩子的详细研究，以及他为了记录自己3个孩子的成长而写下的日记。在一篇文章中，他描述了女儿有一个想象出来的朋友阿索，他能变成鸟、狗，甚至怪物。

皮亚杰对此有一套很有说服力的理论。他认为，像想法、思考、想象和记忆这些"心理实体"，并不会因为它们虚无缥缈的特性而让孩子将其与真实世界混淆。他说，因为学龄前儿童都是"现实主义者"，所以他们会将这些心理实体同样看作有形的客观实体。他还说，孩子会相信梦境是每个人都能看到的客观图片，而思维则是公开或私下的真实话语。[4]

为了佐证自己的观点，皮亚杰拿出过一些让人信服的图解和证据，但他还是错了。① 即使是3岁的孩子，也可以区分养着一条狗的人和想着一条狗的人。当

---

① 当然，皮亚杰的许多主张是正确的。他认为婴儿也会思考，我们现在当然知道这么讲完全正确，但在他如此断言的那个年代，也就是20世纪20年代，这样的说法简直是无稽之谈。他还强调过幼儿可以完全自主地发现许多新事物，不需要任何指导，儿童心智理论的一些研究也已经在一定程度上证实了这一点。

代研究表明，3 岁和 4 岁的孩子都会坚持这样的观点：一条真正的狗，既要让人摸得到，也能让人看得见，而且所有人都能看得见。但是像"想着一条狗"这样的心理实体却不是真实的，这条狗别人并不能看见。

这与皮亚杰的标志性观点人相径庭，所以研究人员试图更深入地研究心理实体[5]，并要求孩子们对各种情况做出非常精确的区分。例如，一条已经逃跑的狗，是看不见也摸不着的，但它依然真实存在。也许在孩子们眼中，想法和思考在机制上并无不同，它们客观存在，只是不一定出现在当下，就像"一条逃跑的狗"。但还有一种可能，是孩子们认为想法本身客观存在，却不可触及，就像空气、烟雾或者影子一样。

我和合作者们让学龄前儿童去思考心理实体，比如对狗的想法；对应的客观实体，比如一条狗；以及一个不在当下的客观实体，比如一条跑得很远很远的狗；还有一些真实存在但缺少实体的事物，比如空气、烟雾和影子。

然后询问孩子们，如果要他们判断一个实体是否存在，标准是不是对象能否被摸到，或者被看见。这之后，他们还会被要求解释自己为什么如此作答。

孩子们说，心理实体就是看不见也摸不着的。他们还认为，有些东西真的存在，同样看不见也摸不着，比如空气。尽管这些答案和成年人给出的一样，我们还是很容易产生怀疑。孩子们对心理实体和看不见也摸不着的物理实体解释相同，所以我们依然不知道他们究竟能不能明白区分。但是，他们的解释多少还是透露出了他们对此的理解程度。

就拿"关于狗的想法"这样的心理实体来说，孩子们就像成年人一样，会解释说这条狗人们摸不到，那是因为"不是真的"，"就是一场梦而已"，"只存在于他的脑海中"。相对地，他们会说那些无法触及的实体及那些非常遥远的实体"是真的"，"的确存在"。比如像空气这样的物理实体，虽然没法摸到，但他们也认为其真实存在，"是真的有，不是假装的"。哪怕 3 岁的孩子，也能理解这些差异。

当孩子们谈及心理实体看不见也摸不着、不真实存在时，他们往往会把它解释为"是发生在里面的"，也就是说发生在一个人的脑袋里或心里。与之前相同，成年人对此的解释也差不多。但假如孩子们所谓的"里面"只是字面上的意思，就像他把葡萄干吞到了胃"里面"呢？葡萄干是一个真实存在的客观对象，可如果它已经进了肚子，那也同样看不见摸不着了。是否一如皮亚杰所言，年幼的孩子真的认为思想是以一种真实、客观的形式存在于"脑袋里"？

并非如此。在另一些研究中，我们让孩子们想象一个叫乔的人，他吞了一颗葡萄干，再想象一个叫约翰的人，他只是在想葡萄干。即便是 3 岁的孩子，被问到"乔吞下了葡萄干，他肚子里是不是就有一颗葡萄干"时，也会说"对"。当被问到"如果医生用一种特殊的仪器，能看乔的肚子里有什么，医生会看到一颗葡萄干吗"，他同样会说"对"。

与之相反，被问到约翰肚子里有没有葡萄干时，这些孩子会说"没有"。如果问的是约翰脑袋里有没有葡萄干，他们也会说"没有"。就算被问道："医生用特殊的仪器往约翰脑袋里看，能不能看见葡萄干？"他们还是会说"不能"。此外，在孩子们的各种解释中，他们都坚持认为心理实体不同于物理实体，"它不是真的"，"它什么也不是"。

## 有假想玩伴的孩子

让我们回到假想玩伴的话题。包括皮亚杰在内的不少专家都曾说过，假想玩伴是儿童无法区分想象与现实的绝佳案例。

本杰明·斯波克（Benjamin Spock）博士便是其中之一。逝世于 1998 年的斯波克是一位著名的儿科医生，也曾为新手父母写过一些育儿指导书。他的著作《斯波克育儿经》（*Baby and Child Care*）于 1946 年首次出版，畅销至今。在这本书 1976 年的版本中，斯波克写道：

> 对假想玩伴话题的讨论暗示我们，孩子们对现实的认识程度还未得到充分发展。他们无法分辨睡着时的生活和醒着时的生活，也不清楚电视节目只是呈现在屏幕上的表演。所以他们喜欢什么、想要什么、害怕什么都显得无比真实。而为人父母，必须承担的、最重要的工作之一，就是经年累月地逐步教会孩子们区别幻想与现实。[6]

毫无疑问，斯波克深受皮亚杰的影响。但是，他也和皮亚杰一样犯了错误。

**正如玛乔丽·泰勒的研究以及其他一些研究 [7] 所证明的，就算是很年幼的孩子，也能轻易区分幻想和现实、心理实体和物理实体、想象之物和真实之物。**

此外，有假想玩伴的孩子不仅可以区分想象和现实，甚至还表现出了在心智理论方面的其他优势。比如在泰勒的研究中，这些孩子在错误信念测试中的表现始终优于同龄人，也就是更善于处理"格伦达和糖果盒"以及"莫普法纳和芒果仁"这样与方位变化有关的问题。总之，通常情况下，**有假想玩伴的孩子会比同**

龄人更早地理解人怎样受错误信念的影响，并产生各种行为。

## 将心智与现实加以融合

诚然，孩子们对现实的理解也不完全可信。他们可能被自己做的梦吓到，也可能分不清电影情节与生活现实，还会胡思乱想。他们并不总能把内心思想和外部世界完全区分开来。其实，成年人也做不到。从噩梦中惊醒时，我们也会有恐惧感。哪怕梦境并不真实，它带来的情绪却是真正存在的。我们去看恐怖片，并非因为我们认为恐怖片所描述的都是真实事件，而是因为它们会引发我们内心真实的恐惧，却不会让人置身于真正的险境。比如，我们宁愿去感受毛骨悚然的电影情节带来的恐惧感，也不愿在一片漆黑的危险街区里独行。这些情绪在感受上非常真实，类似于看恐怖片的这种经历，可以起到宣泄的作用。再比如，作家要虚构大量角色，他们也认为自己所塑造的角色非常真实，有些甚至令人惊讶地有自己的思想。作家伊妮德·布莱顿（Enid Blyton）就曾说过：

> 我膝上放着便携式打字机，闭目凝神，头脑放空，然后就看到，塑造的角色像我自己的孩子一样站在面前。他们身上所有的细节都一览无余：头发、眼睛、脚丫、衣服、表情，我只知道他们的教名，连姓什么也不知道，更不清楚他们接下来要说什么、做什么。有时候某个角色会讲个特别好玩儿的笑话，我一高兴，把这个笑话打在了纸上，心里还念叨着："我想 100 年也想不出这么有意思的笑话！"[8]

这不是成年人对现实的逃避，也不是现实世界与虚构世界的混淆。这是在工作中采用的一种富于创造力的心智模式，它能够在写作过程中创造出种种有助于创作的心理实体。这与儿童假想玩伴的现象有着异曲同工之妙。

孩子们的假想玩伴、他们与之假装玩耍的行为，以简化的形式向我们展示了成年人的心智模式。依靠同样的心理进程，作家们得以虚构世界、创造角色，让他们像真的存在于我们的生活中一样。

不妨想一想简·奥斯丁的经典作品《傲慢与偏见》（*Pride and Prejudice*）中的两位角色，伊丽莎白·贝内特和达西先生。许多人认为，关于那个时代的英国，他们从这两个角色身上学到的知识不亚于通过读历史书得到的。很多奥斯丁迷会专门上一些网站，或参加俱乐部——人们在那里打扮得跟奥斯丁小说里的角色一样，还要模仿当时英国人的行为和对话。2013 年出版过一本很畅销的指南，叫作《如何像简·奥斯丁一样说？如何像伊丽莎白·贝内特一样活？》（*How to Speak like Jane Austen and Live like Elizabeth Bennet*）。[9]

这些人中并没有心智功能不健全或心理上有问题的，这些行为也不是因为成年人无法分清虚构作品和现实生活，而是某种能力在成年时期的扩展。同样是这种能力，让我们在儿童期可以运用想象力来玩耍，也创造出了孩子们想象中的玩伴。成年人认识到，小说，至少是有见地的好小说，能够传达现实生活中的真理：比如伊丽莎白·贝内特，可以引导我们拥有更美好的生活。虚构思维存在于孩子们的心智理论中，而且终将蜕变为成年人对事物的真知灼见。

**孩子们在 3 ～ 5 岁时，不仅知道想法和需求会驱动某种行为，还掌握了撒谎、保密和说服的关键。**

他们知道想法客观存在，却又不在现实之中；也知道想法可能隐藏得很深，不像行为一样直白；更知道想的不一定就是真的。同时，他们也知道，自己脑中心爱的玩伴其实是假想出来的。实际上，在很小的时候，孩子们就知道某些真正的信念，是为了反映世界，进而变作改变世界的行动。但是，对事物的想象，却只能在另一个虚构出来的世界中产生影响力。

　　心智因其多变与美感，不仅影响着孩子们日常生活的方方面面，在他们独特的想象世界中也无处不在。对于成年人来说也是如此，因为我们都是自己童年的受益者。

# 05

## 假如没有心智理论

经过了连续几十年的失败尝试，计算机终于在1997 年首次击败人类国际象棋大师。这一刻，被誉为人工智能（AI）时代的起点。一直以来，下棋都被认为是人类智能的极致。名为"深蓝"的智能计算机成功击败了加里·卡斯帕罗夫（Garry Kasparov），这意味着在智能水平上，计算机与人类之间的距离在不断缩小。计算机很快会胜任更多原本依赖人工的任务：语言翻译、语音识别，甚至掌握计算机理论，这样计算机就能自己设计出更好的计算机来。类似《2001：太空漫游》（*2001: A Space Odyssey*）这样的科幻文学和电影，进一步增强了人们对这个近在咫尺的未来时代的信念。

如今，文学作品与电影中的很多预测已经成真。只用一台笔记本电脑，我们现在就能用谷歌翻译把母语翻译成其他各种语言；拿起苹果手机，我们可以向智能语音助手（Siri）查询路线、查找值得一去的餐厅，以及订票。亚马逊网站的智能助理（Alexa）也能搞定这些琐碎的事，甚至我们坐在桌边吃早餐的同时，就可以用它提前启动汽车。

这么说来，人工智能已经发展得跟人类一样聪明，甚至比人类更聪明，对吧？其实不然。实际上，科学家们放弃了在计算机上复制人类思维，才得以发明出能执行智能化人工任务的计算机。现在，计算机完成这些任务的方法跟人类本身采用的方法天差地别：它们进行的是大量机械的计算，所以，被命名为"人工智能"，也算实至名归。[1]

机械计算充分利用了计算机所拥有的海量内存和强大的数字处理能力。在下棋时，深蓝每次移动棋子前，都会先计算出它在当前局面所有能走的棋，并对每一种情况再做至少6 ~ 10步之后的预测。随后，它再将其与存储在体内的过去70万场大师级对局进行比对，以评估这一步到底该不该走。它在执行这一任务时，运算速度高达每秒约2亿种象棋位置组合。依靠这些比较，它选择统计学上最好的下一步走法，并最终击败了卡斯帕罗夫。

至于翻译语言，其实也是以类似的方式进行的。几十年间，计算机科学家一直尝试着让计算机以人类的方式进行翻译，却都功亏一篑。只有当计算机拥有了不同于人类的巨大存储空间，又有进行比对的能力时，计算机翻译才取得了突破。

如今，计算机被输入了包含原始语言和人工翻译语言的大量文本内容，将这两者加以比较，并将原始语言中的单词、短语对应到外语中，继而将之存储进一个巨大的数据库中。等需要翻译时，计算机再把翻译的目标语言与需要翻译的语言文本中关联最频繁的单词和短语呈现出来。

这种"数据挖掘"的过程不仅解释了谷歌翻译为什么能快速提供多种语言之间的互译，也解释了为什么翻译结果有时会特别荒唐，不符合语言习惯，甚至根本就驴唇不对马嘴。这些问题在翻译成语（比如"千钧一发"）或字面上看不出来的隐喻（比如"这则新闻把她吓破了胆"）时尤其多见。计算机里的语法检查插件也采用了类似的工作原理，所以它才会烦人地纠正完全正确的句子。我们写的虽然是对的，但从统计学的角度上讲，并没有采用最常见的写法。文档里的自动更正功能也会改掉我们写的东西，偶尔也起到反作用：让这些文字变成胡言乱语，全是误导又使人难堪。

数据挖掘本身涉及处理海量的信息，并在其中找到一件事与另一件事之间的种种关联。伴随着"大数据"的兴起，数据挖掘也得到了更广泛的使用，比如在购物网站"亚马逊"上，所有用户的购物数据都会被用于分析，以便亚马逊可以给他们推送量身定制的商品广告。

与计算机相比，人类在数据挖掘方面的表现可就差强人意了。但是，我们凭借着另一种方式，掌握了高超的棋艺、精准地翻译不同语言。我们能解读心智，计算机却不会。**我们使用了一种截然不同的方法来处理这些任务：发展出了种种理论，尤其是针对心智的理论。**

> **我们会创建一个理论体系来解释各种事实，并依靠这一理论来理解种种不曾见过的细节。不止如此，如果碰到了理论不适用的情况，我们还会加以修正。**

这种日常使用的思维理论化，远非数据挖掘所能比。个中差距，我们还是可以拿坦普尔·葛兰汀的情况来举例。

## 依赖图像化思考的葛兰汀

葛兰汀告诉过作家、神经科学家奥利弗·萨克斯，她特别苦恼跟孩子们互动。她认为，哪怕是很小的孩子，就已经在以一种和她这样的孤独症患者截然不同的方式来理解他人了。**心智理论让孩子产生思想、需求和希望，还让他们能轻松地解读他人的心智，欣赏别人的生活。**相反，葛兰汀却只能依靠数据挖掘来学习社交礼仪。

葛兰汀曾解释过，随着时间流逝，她已经建立了一个庞大的"数据库"，就像存储着录像或网络视频一样，留存着各种各样的生活经历。她在脑海中反复播放这些片段，并据此了解人们在各种情况下的各种表现。然后，她再使用这些信息来预测处于类似情况下的人更可能做何举动，或者她本人在这种情况下，该有怎样的表现。她说："整个过程有着严密的逻辑。"这种策略既是数据挖掘，也是一项繁重的工作，需要把我们大多数人会忽略掉的种种经历与事实载入记忆之中。纵然如此，她还是无法领会一些大多数人轻易就能看出来的事情。

葛兰汀的第一个人道化牲畜屠宰场故障频发，在最终意识到是一名雇员在搞破坏之前，她追踪排查了几十个可能的问题。在她看来，渎职根本不是一种符合逻辑的行为，对她那种思维方式来说，这种事实在是太陌生了。她不得不从全新的角度来重新评估自己存储的那些"片段"，并学着"变得多疑"。

没有心智理论的生活便是如此，只能依靠数据挖掘来理解社交。深蓝也遇到了相同的问题。它并不知道，国际象棋的开局就要试着给对手设"套"。从第一手棋开始，就会有花招，有诱敌深入的"做局"，还有虚张声势，这些互动都是为了迷惑对手。但深蓝不会主动布局，而只是存下了象棋大师们用过的开局模板，比如"苏格兰开局""拒后翼弃兵开局""科克伦开局"，随后再选用统计学上最有效的下法。

如上所述，葛兰汀明白心智基本的运作方式，也明白自己的心智是如何运作的。她说自己的心智基于对具体图像的操作，还存储了大量视频，整理了很多数字。当然，目前尚不清楚这些描述是否是她心智的真实状态。例如，她在第二本自传《用图像思考》（*Thinking in Pictures*）中提到，孤独症患者用图像来思考，这既成就了他们在思想上的优势，又导致了他们在社交上的劣势。[2] 这种说法其实有失偏颇，纵然一些孤独症患者拥有以图像思考的能力，但平均而言，在图像思维方面，孤独症患者并不比普通人表现得更好，甚至会更差。但仍有两个要点值得关注：一是她可以描述自己的心智，二是她无法描述我们在日常生活中思考他人活动时的那种心智运转过程。她描述了在社交中如何进行数据挖掘，而非怎样发展出一套"思考－需求"理论。

某个晚上，葛兰汀和萨克斯一起散步时这样说："当我抬头仰望夜空的星星时，我知道自己应该油然而生一种看到'星汉灿烂'的超然感觉，但并没有。我想要体会这种感觉，却只能靠着理智去理解。"

萨克斯问她："那你能感觉到星空的宏伟吗？"

她回答："我只能从理智的层面去理解它的宏伟。"通过数据挖掘，葛兰汀知道在满天繁星的深夜、听到贝多芬的乐章、看到壮观的古代遗迹时，该如何使用"宏伟"这个词。但她本人却无法拥有这种感受。

这并不是因为她情感匮乏，或大脑里的情绪回路不同于常人。葛兰汀也能体验到基本的情绪：悲伤、愤怒，甚至爱，比如，她就很爱牛。然而，"宏伟"并不是一种原始的基础情绪，它是一种与心智息息相关的伴生体验。虽然这种感觉的确算是一种"惊异感"，但我们之所以会有"惊异感"，正是因为接触了神秘的事物和比我们自身更恢宏的存在，进而体验到了震撼与不知所措。

依靠理智分析，葛兰汀已经对这种感觉有了深刻的理解，但对于包括广大儿童在内的大多数人来说，无须付出像葛兰汀那么大的努力，便能取得这样的成果。我们能"体会得到"，是因为我们使用和发展了心智理论。同其他孤独症患者一样，葛兰汀错过了在童年时期发展出心智理论的机会，自然也就不具备我们共有的这一普通能力了。

## 日常生活中的理论

葛兰汀的与众不同，有助于我们理解像心智理论这样的日常理论，究竟是如何形成的。整个过程其实类似于科学家们构建理论的过程。科学家们会通过观察或实验来积累数据，但是，他们做的不仅是检测数据中的规律，也要去理解和解释，为什么规律是这样，而不是那样。

> **著名理论物理学家斯蒂芬·霍金说过："科学之美，源自对现象做出了简单的解释。"[3] 我们每个人，都在全力以赴地创造这种美。**

科学家用理论来阐释和理解当下发生的事物，使那些复杂的原初现象更有条理。他们还可以使用理论来代替多个独立元素及其之间的相关性，以更好地梳理不同观测结果之间的关系。他们甚至还能将多个理论结构组织成一个更大的理论系统，爱因斯坦的相对论与达尔文的进化论皆是如此。依靠理论，他们可以做出预测，比如预测刚收集的新数据会是什么样子。

纵然整个过程非常复杂，我们每天也都在一直创建各种理论。比如某人正身处某个餐厅，独自一人坐在供两个人用餐的桌前。而约会对象斯泰西却一直没有现身，他会想："斯泰西肯定把这次约会给搞忘了。"

毕竟，较为宏观的心智理论会告诉我们人总是爱忘事，而且很多人记性真的不大好。我们还会考量与斯泰西本人有关的事情。斯泰西通常都很靠谱，最近却有点儿心不在焉，而且他的手机总是有问题。所以，也许是他无法查询自己的日程，也无法打电话。最终，我们得出了这样的最优答案：他这次没出现，虽然不常见，但也不至于无法理解。这一解释之所以成立，就是因为我们整体的心智理论和斯泰西心智、行为的专属理论之间可以相互作用，并行不悖。

但如果次日再给斯泰西打电话，他却毫无歉意，也拒绝了再约一次的邀请，还偏离了交流的主题，甚至故意提前挂了电话。而且，接下来的好几天里他都不再接电话，也不打电话过来，那我们就必须重新思考发生的这一系列事情了。心智理论系统会给我们提供全新的解释：故人难免会变，交情也会变淡，也许和斯泰西"缘分尽了"吧。

这不算数据挖掘。我们并不是依靠持续追踪对方出现与否、接电话与否才总结出了这种趋势。我们超越了数据本身，靠着自己的理论与建构系统，对发生了什么做出了解释。我们可以得出这样的结论：斯泰西没有来赴约并不是一次统计学上的异常行为，他这么做，是因为能给他带来想要的结果。他主动中止了关系，而我们是被甩掉的那一方。使用理论系统，我们不仅可以累积数据，还可以对数据进行快速且有意义的解释。

如此一来，我们内心包括"斯泰西理论"和"我们的关系理论"在内的专属理论系统就会发展。根据不断积累的数据，这件事的解释从一开始的"记性不好"逐渐变成了"薄情寡义"。当然，新理论也有可能是错的，比如斯泰西轻度中风，所以这段时间才性情大变。虽然种种理论可能会引我们入歧途，但它们还是会一直运转，也会经历变化。

**心智理论决定了我们如何看待世界。对孩子来说，也是如此。他们从很小的时候就开始培养心智理论，也为其余生打下了基础。**

## 理论构建的 3 个特征

科学理论在不断变化与修正中表现出了 3 个特征。

- **理论的变化，是循序渐进的**。举例而言，天文学理论的变化就是如此。地球是平的→地球是圆的→太阳围着地球旋转→地球围绕着太阳旋转。
- **新的证据催生新的变化**。一开始，是希腊航海家进行天体观测，后来是在天文台中进行观测，最后还用上了望远镜和照相机。新的观测手段与工具引出了新的证据，帮助天文学理论进一步变化。新的、不同的证据会阻碍、加速或改变理论发展的进程。
- **之前的理论会对后来的理论同时起到约束与启发的作用**。知道了地球是圆形的后，天文学家们继而会猜想是太阳绕着地球转。这个猜想起初阻碍了"地球围绕太阳旋转"的想法，但同时也鼓励了人们对太阳、月亮和其他星体进行更仔细的观察，从而使更多不同的计算和比较成为可能。最后，产生了日心说。爱因斯坦也是基于牛顿的理论开始研究的，并做出了变革。霍金则从爱因斯坦的理论出发，并将其进一步扩展。

## 心智理论究竟是不是理论

以上这些规律也适用于我们的心智理论，毕竟它们也是理论。

这种论断初听似乎不太靠谱，因为科学事业是由少数人从事的，他们既有高学历的底子，又有先进技术的支持。我们日常生活中的普通思考虽不如此，但它们之间依然不乏相似之处。首先，一如那些科学理论，我们用于理解他人行为、心智的理论，也是由数据和理论之间的相互作用发展而来，而非靠数据挖掘。

其次，心智理论和科学理论在以同样的方式发挥作用。它为我们提供一个框架，可以用来整合并理解日常发生的事情。科学理论和日常的心智理论拥有相同的工作方式，心智理论需要日常经验和大量观察做支撑，相应的，科学理论需要高学历和望远镜来提供保障。

我们之所以青睐科学，是因为它提供了一种基本价值，能让我们解释和预测身边的事情。而我们无时无刻不在使用的心智理论，能更进一步，让我们弄清一些令人费解的事。而且，科学和科学理论之所以能够取得发展，也是因为科学家们有着跟我们普通人一样的大脑。不管是不是科学家，我们都是在自己年纪尚小时，靠着学习心智理论相关的技能，打下了构建理论的基础。

正如我和同事艾莉森·高普尼克[①]经常说的："孩子们都是科学家。"这句话并非是在怀疑科学的复杂性，而是说，科学家们都是些大孩子，他们像其他人一样构建理论，只是在构建过程中用到了更多的系统和更精准的方法。[4]这样一解释，其实重点是"孩子"。霍金说过："我只是一个从未长大的孩子，仍然不断问着那些'如何'和'为何'的问题，偶尔还能找到答案。"我们的理论构建体系塑造出

---

① 国际儿童学习领域研究权威艾莉森·高普尼克（Alison Gopnik）在其著作《孩子如何学习》中对儿童大脑如科学家般独特的学习机制进行了深刻揭示。该书中文简体字版已由湛庐引进并策划，浙江人民出版社 2019 年出版。——编者注

了最出色、最与众不同的一批人，也塑造出了我们对外界的学习与理解能力。①

科学与日常生活有所不同，科学理论与日常生活中的心智理论也存在差异，但它们之间的相似之处也同样真实。它们都指出了所有的理论都来自人类对事物的理解，更具体地讲，都来自人类对社会的理解。科学是一种社会事业，需要合作，需要对他人的观点保持敏感，还需要我们具备依靠可信证据说服他人的能力。所有这些，都是大多数 4 岁孩子就可以完成的任务。科学要求我们具备以先验知识为基础，并根据证据提出假设的能力，而孩子也能做到这一点。科学还特别重视对事物的解释，孩子也时不时灵光一现，一连追问好几个"为什么"。

**复杂的科学理论同时需要认知能力和社交能力，而这些能力都产生并发展于我们培养心智理论的孩提时期。**

如果理论化过程确实能够解释孩子们是如何整合了他们的众多想法，那么孩子们的心智理论应该能表现出与科学理论相同的 3 个特征。

- 心智理论的发展，也是循序渐进的。
- 新证据促使新变化的发生，不同的经历也会引发理解能力在时间节点与顺序上的不同。
- 先前的知识会限制与促进后来的学习。

下一部分，让我们一起来看个究竟。

_____

① 当然，我们在许多领域都建立了理论。葛兰汀在设计畜牧设施时也是能构建理论的。她收集了数据，权衡了应对事实挑战的可能性，还找到了让牛本身和牛主人双赢的最佳设计方案。但是她不能将相同的方式用于理解同伴们的心智，而这是没有孤独症的人能轻易学会的技能。

# READING
# MINDS

第二部分

## 童年是心智解读力
## 发展窗口期

# 06

## 心智解读力发展的
## 5 个阶段

R E A D I N G　　　M I N D S

　　马利是一个漂亮的小婴儿，有着一头深色的鬈发、一双深邃的大眼睛，脸蛋儿方方正正。乔和埃伦初次为人父母，兴高采烈地把她从医院带回家，为她的未来制订了种种规划：当足球明星、读博士当科学家，甚至成为美国总统。

　　马利是一个容易相处，也反应灵敏的小婴儿，时而咿呀学语，时而自己低声咕哝。每当埃伦和她玩"小猪猪"的游戏，或者乔在她的小肚子上吹一口气，变出一颗树莓的时候，她就满脸喜色，高兴不已。乔和埃伦深信，她是世上最好的孩子——也许她的确是。

　　马利一岁多的时候，埃伦第一次发现了问题。她不再那么频繁地咿咿呀呀了，但还没能讲出哪怕一个词。

　　"咱们把她照顾得太好了，"乔说，"她用不着说话。她的大脑肯定没问题，我们教的所有宝宝手语①她都会做，还能自己编出几种来。"

但埃伦就是难以释怀。马利似乎要比同龄的孩子反应迟钝些，虽然在和别的孩子互动时表现不错，但当她独处的时候，要是不采用正确的方法，就根本调动不起她的任何反应。

等儿科医生将马利转介给听力领域的专业人士时，她已经两岁了。一个月后，她被诊断为严重失聪，甚至可能是先天的。

马利的经历对于那些父母听力正常，孩子却失聪的家庭来说并不算罕见，因为失聪的诊断要比看上去更加困难。大多数像马利这样的聋儿其实都会咿呀学语，也能与人交流。他们会被巨大的噪声吓到——响亮的声音会产生类似声波的冲击波，同样能引发聋儿的反应。他们也能感受到某种震动，比如附近响起的低音扬声器。有听力和没听力的小婴儿之间的差异是很小的，以致家长，甚至儿科医生都会经常无意将其忽略。马利出生的那个时代，在美国，并非所有新生儿都能定期接受听力测试。②

确诊后，乔和埃伦先是震惊、不敢相信，接着变得悲伤、愤怒。他们不得不彻底重新规划马利的童年生活计划，重新思考他们该如何参与其中，又该如何陪

---

① 许多父母会对还没学会口头表达的婴儿使用一些简化的手势，这被其发明者——加州大学戴维斯分校的琳达·亚奎朵洛（Linda Acredolo）称为"宝宝手语"。比较常见的包括"再来点儿""牛奶""不要了""没有了"等。通常在使用几个月后，孩子们开始学口语表达时，宝宝手语就会逐渐自行消失。

② 截止到 2010 年，美国各州对新生儿听力筛查都有一定要求，但在全美范围内，实际上并没有统一的要求。即便到了今天，仍有大约 5% 的美国新生儿未能接受筛查。

伴她未来的成长。只有这样，他们才能学会如何更好地抚养马利。整个过程举步维艰，因为像大多数美国人一样，他们对失聪知之甚少，对失聪儿童的教育、照料和机遇更是缺乏认识。

马利 3 岁时，埃伦接下了学习美国手语（Ameslan）的艰巨任务。这有助于马利的语言学习，以及她日后在阅读等领域的学业发展。而且，学习开始得越早越好。

这时候，马利已经能和父母交流了。他们会一起指认物品、玩手指游戏，也会挥手道别。他们使用了一些婴儿手语，还在不知不觉中发展出了一些"家庭手语"，即全家人都明白的手势，例如摇晃手指表示"挠痒痒"，轻拍胸部表示"我"，轻拍头部则表示"帽子"或"头发"。马利更喜欢两个家庭手语固定组合在一起，以表达更复杂的想法和要求，例如"挠挠我"和"妈妈的帽子"。

这样一来，马利和她的妈妈其实同在一个起点。但是，就像其他手语和口头语言一样，美国手语是一个复杂又专业的语言体系。一如在口语发音表达中"妈妈""房子""名字"与真实的妈妈、房子或某人的名字没有关系，美国手语的手势也缺少关联性。此外，美国手语还有自成一体的语法和句法，使用空间和三维位置来代替词序，这跟包括英语在内的任何一种口语表达都不一样。

埃伦为学习美国手语做出了不懈的努力，却一直没能真正达到熟练水平。在孩子尚小的时候，具有听力能力的父母的确很少能达到这一水平。埃伦使用手语的方式类似于一个带着短语手册的西班牙语初学者，她只会使用简单的手势和体态来指代当下的对象。

意识到自己无法熟练掌握美国手语的语法和句法后，埃伦开始专注自己能做到的事情。她教会了马利如何用手语表达常见的、可见的物体和动作，比如书籍、女孩、球、狗、奔跑、饮料、汤匙。不同于大多数孩子失聪但自己尚有听力的父母，也不同于大多数失聪孩子的失聪父母，她与马利的大部分互动都是为了教学。[1]

埃伦和乔已然破釜沉舟，但马利的经历却与失聪父母所生的失聪孩子截然不同。那些失聪的孩子是"原生手语者"。从出生开始，一个失聪的孩子周围就有不少手语者，随着年龄增长，他们也会从这些人那里接触到越来越复杂的句子，就像有听力的家长对有听力的孩子所做的那样。与此同时，处于原生手语环境中的孩子能够看见周围的成年人以手语交流，他们从出生开始，便成长于一种自己能理解的、兼具高频人际互动和信息自由流动的环境中。相比之下，马利与他人的互动就越发显得割裂且太偏向于教导。

马利上学之后，每天都能与包括一些原生手语者在内的失聪儿童、熟练使用手语的老师进行互动。因此，她的手语水平很快超过了埃伦。不仅她的社交范围扩大到了家庭之外，对象也更为集中：她越来越喜欢与使用手语的人交流了。

## 构建心智理论

由于在互动、社会化和沟通方面的种种差异，马利和其他失聪儿童在心智理论的发展速度上与正常儿童截然不同，这也非常明显地影响了他们的未来发展。当然，**失聪只是能影响心智理论发展的众多童年经历中的一种，但它的影响更为深远。**

心智理论是与人们精神生活有关的一系列观念的复杂建构。它不仅基于意图、思想、情绪、想象、心理实体和不受干扰的心智而产生，也能激发它们。也恰恰是基于这些要素，我们才能够伪装、欺骗、理解、说服与教育他人。

最终，这些汇聚成了斐然的成就。但是，就像任何复杂的项目架构一样，它不得不随着时间推移循序渐进地发展。研究人员发现，通过关注几个关键节点，他们能一步步地追踪孩子是如何进步的。

- **欲望的分化**。即使是对同一个东西，不同的人也会有不同的偏好。当孩子明白这一点时，他就能够理解某个人喜欢苹果，而另一个人完全可以不喜欢。
- **信念的分化**。人们对同一个场景完全可能有着不同的信念。假设一个孩子看到两个人在犹豫不决地看着一个封起来的盒子。孩子到了某个时期就能领会，这两个人完全可能对盒子里放的是什么有着不同的想法。他们明白，信念是可能因人而异的。
- **知晓 – 不知晓**。某人知道盒子里有个苹果或其他什么东西，其他人却不知道。孩子是能够理解这种差异的，也即是，孩子能够理解"某些人可能不知道其他人知道什么"。
- **错误信念**。"不知晓"与"错误信念"并不相同。在《罗密欧与朱丽叶》中，罗密欧不仅对朱丽叶遭遇了什么一无所知，还误以为她已经去世了。在这一节点时，孩子就会理解"虽然某件事的真实情况是这样，但有人会以为是截然不同的另一番面貌"。
- **隐藏的心智**。不管是欲望信念，还是知晓 – 不知晓，这些心理状态都不一定会通过动作或表情表达出来。为了显得对主人家有礼貌，讨厌苹果的客人完全可能会假装喜欢苹果。一个不懂装懂的人则可能因为运气好，歪打正着说对了话。到某个阶段，孩子们终会明白：心智是能够隐藏的。

图 6-1 的这些卡通画，展示了孩子理解人们心理状态的过程，研究人员深入考察了其中的每个阶段。

我最喜欢的一项研究，是当代经典实验"西蓝花还是小鱼饼干"的第一项，它所着眼的正是第一个阶段，即"欲望的分化"。

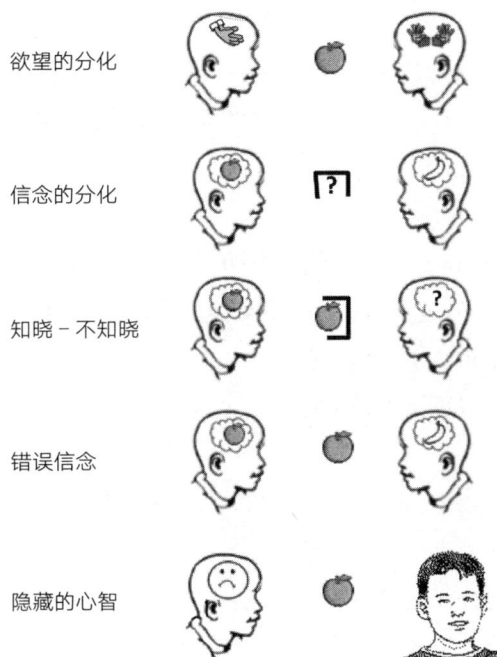

**图 6-1　心智解读力发展的 5 个阶段**

来自加州大学伯克利分校的贝蒂·雷普乔利（Betty Repacholi）和艾莉森·高普尼克让 18 个月大的孩子分别品尝了西蓝花和小鱼饼干，并问他们更喜欢哪种食物。[2] 不出所料，几乎所有的孩子都选了小鱼饼干。随后，贝蒂面对孩子，又分别品尝了两种食物。她对其中一种食物微笑，说："真好吃！"又皱着眉头对着另一种说："真难吃！"大约有一半的人看到的是：贝蒂觉得小鱼饼干好吃，西蓝花难吃，这是符合孩子们本身对此的好恶的。而另一半孩子看到的是，贝蒂的表现与他们的态度并不匹配：她喜欢西蓝花，而非小鱼饼干。

紧接着，测试开始了。两个小碗被摆在了贝蒂和孩子之间的桌子上，一个盛着小鱼饼干，另一个盛着小块的西蓝花。贝蒂把她的手心朝上，放在了两个碗的正中间，看着对面的孩子，说："我还想再吃一点儿，你能再给我拿些吗？"

尽管贝蒂小心翼翼地避免指向任何一个碗，大多数 18 个月大的孩子还是给了她本人所表示喜欢的食物。在"不匹配"的情况下，他们给的是西蓝花，而在"匹配"时，则是小鱼饼干。

"西蓝花还是小鱼饼干"这一测试表明，孩子是能够了解欲望的分化的：不同的人想要的东西不同，急于得到的东西不同，避之不及的东西也不同。虽然孩子本人可能更喜欢小鱼饼干，但贝蒂却可以喜欢西蓝花。关于这一点，年长一些的孩子的事例，还可以更清晰地表明。

> 罗斯（3 岁半）：面包上这个东西，好酸，我不喜欢。（把面包递给爸爸）
>
> 爸爸：你为什么觉得我会喜欢呢？
>
> 罗斯：因为你喜欢酸的东西呀，快吃吧！

## 5 个阶段循序渐进

这 5 个阶段间的种种区别似乎过于详细了。即使我们不知道其中的细节，孩子们也能自己发展出心智解读力。然而，正如第 3 章中所写，了解孩子们何时能理解心智理论，将对他们未来的生活产生深远影响。

为了了解孩子们在心智解读力发展的 5 个阶段中的表现，研究人员对美国、加拿大、澳大利亚、德国等国家的数百名学龄前儿童进行了测试。[3] 如图 6-2 所示，孩子们像爬楼梯一样，从左往右有次序地表现出了对这5个阶段的理解，这就是心智解读力发展的第一个要点。如果孩子太小，只明白一种，那一定是"欲望的分化"。如果孩子已经明白了3种，那就是"欲望的分化"、"信念的分化"和"知晓－不知晓"。孩子们在掌握图6-2左侧的能力之前，是无法掌握右侧的能力的。

因此，心智解读力的发展与本书第5章简述的一般理论的学习一样，是一步一步，循序渐进的。

我们还准确定位了孩子们达到每一个阶段的平均年龄，这一结果适用于许多西方国家。如图6-2所示，多数孩子在5岁半以前便掌握了全部5个阶段的能力。

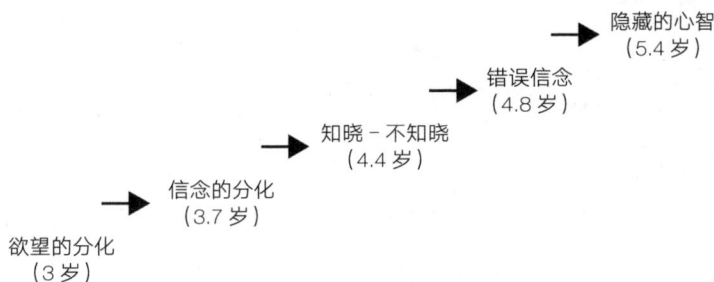

图6-2 心智解读力的阶梯式发展模式

但是，心智解读力的发展也会迟滞。像马利这样天生失聪的孩子，父母又听力正常，心智解读力的发展很可能严重滞后。纵然原因完全不同，但这种情况下的发展滞后甚至堪比孤独症患儿。

如图6-3所示，根据心智解读力发展5阶段的划分，虽然听力正常的孩子和失聪的孩子在发展历程上类似，但在各个时间节点上却截然不同。听力正常的父母抚养的失聪孩子与其他听力正常的孩子一样，都按相同的顺序去发展心智解读力，但是他们在每个阶段上都会慢一拍。

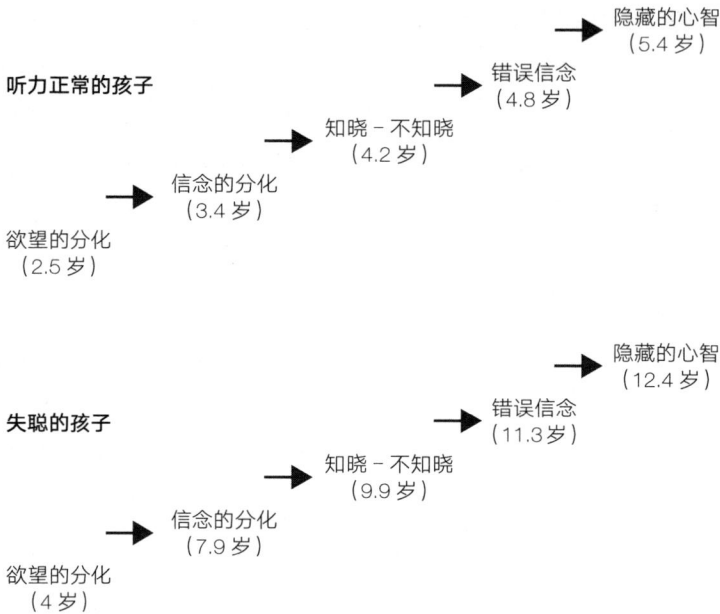

图 6-3 中的流程图如下：

听力正常的孩子

欲望的分化
(2.5 岁)
→ 信念的分化
(3.4 岁)
→ 知晓 - 不知晓
(4.2 岁)
→ 错误信念
(4.8 岁)
→ 隐藏的心智
(5.4 岁)

失聪的孩子

欲望的分化
(4 岁)
→ 信念的分化
(7.9 岁)
→ 知晓 - 不知晓
(9.9 岁)
→ 错误信念
(11.3 岁)
→ 隐藏的心智
(12.4 岁)

图 6-3　父母听力正常时，听力正常的孩子与失聪孩子在心智解读力发展进程上的差异

　　大约 5% 的失聪孩子，父母中至少有一人同样失聪，对他们来说，情况截然不同。就像听力无碍的孩子一样，他们很小就投身于语言和社会交往之中了。唯一的区别在于，这些交往依靠手势而非语言。原生手语者的孩子与听力正常的孩子，靠心智解读力发展 5 阶段所测得的表现在时间节点上是完全一致的，与后者在图 6-3 所示的数据一样。

　　而其余 95% 的失聪孩子，因为周围的语言都是被"说出来"的，而被隔绝在了社交之外。就算他们学习手语，情况也会跟马利差不多，是亡羊补牢之举。这些孩子被称为"后期手语者"，通常他们心智解读力的发展都会滞后，会一直持续到青春期早期，甚至成年。而且正如我们所见，即使孩子心智解读力的发展仅仅出现了轻微的延迟，也会影响到他们掌握社交技能、与同伴的交往，以及入学之前的生活。

失聪儿童的事例向我们表明，**心智理论是靠学习掌握的，而非天生就有**。但对于父母听力正常、孩子却失聪的家庭来说，孩子心智解读力的发展也并非全无转机，他们也完全可以与听力正常的孩子在同样的年龄达到某些节点，发生在尼加拉瓜失聪者社区的事情就能证实这一结论。

## 手语的兴起

手语并不同于我们在玩"一个比画一个猜"这样的游戏时所用的手势和体态，也不同于美洲原住民为各个部落之间的贸易所开发的手势系统。手语是一种完整的语言，拥有与口头语言同样复杂的语法和句子结构。而且，不同手语之间的区别就像西班牙语与中文、中文与英语之间的不同一样，甚至还要更大。美国人、澳大利亚人和英国人在一起说话时，彼此是能够沟通的，但使用美国手语、澳大利亚手语（Auslan）和英国手语（British Sign Language）的人互相之间却无法交流。

一般而言，失聪者共同生活在某个社区很多年后，便会发展出手语。但尼加拉瓜很久都没有发展出手语，究其原因，是这里的失聪者居住太过分散，几乎都独居在一个小村中。但在 1979 年，尼加拉瓜政权变动，其教育体系也有了诸多变革。首都马那瓜创办了一所聋哑学校，吸引了来自全国各地的许多失聪儿童。

学校在教学中使用了严格的"口授法"，重点训练儿童使用唇语、练习用嘴发音，课程是由听力健全、本身会说话的老师来教授的。从历史的角度看，这一度是聋哑教育的主要方式，但取得的效果，也是一如既往地令人沮丧。

但是，从公交车到操场，再到一起吃午餐，孩子们有了互相比画示意来进行交流的机会。学校建成两三年内，入学的第一批学生就创建了一种类似美洲原住民手语的简明手语系统。

几年之后，第二批学生进校时，接触了这一处于初级阶段的手语系统，并进一步改进。他们给动词增添了时态，又给名词补充了修饰语，还组合出了越来越长的、类似于句子的一连串手势。总之，他们将手语系统改进得越发复杂和完整了。

又过了几年，第三批学生继续改进已有的手语系统，最终历经沿革，发展为尼加拉瓜手语（Idioma de Signos Nicaragüense）。这正是一批又一批失聪孩子在自己的社区中不断交流互动的集体产物。

不管是口头语言还是手语，在学习任何语言时，都有一个关键时期，决定我们能否流利表达。除非我们接触某种语言足够早，否则表达的时候就会带有口音，而且总是说些词汇的组合，而非流畅的语句。[①]

同样的事情也发生在第一批使用尼加拉瓜手语的人身上，毕竟他们在学这门手语的时候，都已经十几岁了。从本质上讲，他们是以非原生的、非常初级的方式，使用着一种不够完备的手语系统。他们所用的手势主要与当下正在发生的事件有关：像"猫""跑""家"这样的词汇可以被组合在一起，构成"猫往家跑"的简单短语。第一代尼加拉瓜手语完全不涉及任何无法观察到的事物或个体的欲望、想法与心智等心理状态，根本没有"思考"或"想要"这些词汇，其使用者也根本用不上。

---

① 只有极少数人能够在成年阶段学会像"原生语言使用者"一样流畅表达。

不过，随着几代学生的更迭，情况发生了变化。在第三批学生中，手语被年轻的使用者们进一步优化，今天的尼加拉瓜手语才得以全面成形。学生们能够使用一整套完整的词汇与语言结构，与心理状态有关的词当然也都被包含其中。[4]

我们有幸对尼加拉瓜手语的第一批使用者，也就是那些在成长过程中无法用词汇或语法来表达心理状态的人，进行了纵向研究。当年的第一批学生接受首次测试时年龄在 22 岁左右，他们中的大多数人无法通过标准的错误信念测试。也就是说，他们甚至都没能达到心智解读力发展 5 个阶段中的第 4 阶段，而尼加拉瓜的普通孩子在接受测试时，5 岁就能达到。

但是，在接下来的几年里，这些成年人相继加入了一个失聪者俱乐部。通过接触那些更年轻的失聪者，也就是在成长过程中使用过表达心理状态的手语的人，他们也学会了相关的手语。他们的语法没有变得更复杂，但是词汇量增加了。他们 25 岁左右接受第二次测试时，在错误信念测试上的表现就好多了，甚至可以媲美晚于他们入学的年轻人的水平了。

**人们掌握心智理论的时间取决于童年经历，很有可能会严重滞后。万幸的是，对发展滞后的孩子而言，心智解读力的发展仍可持续到成年。**

## 心智解读力可以提升吗[5]

毋庸置疑，不利的影响因素会导致心智解读力发展滞后，进而引发一系列负面结果。那有利的影响因素可以加快心智解读力的发展速度，或提升心智解读力的发展水平吗？如此一来，不就能引发一系列正面的结果了吗？

珍妮弗·阿姆斯特劳（Jennifer Amsterlaw）、玛乔丽·罗兹（Marjorie Rhodes）和我决定找出这个问题的答案，而我们关注的要点，便是心智解读力发展中的里程碑阶段：理解错误信念。在几项研究中，我们探究了 3 岁孩子的情况，他们普遍无法通过错误信念测试。这些孩子中有一半被分配到了基线组，他们的环境不会有任何变化。这个年龄段的孩子通常需要 1 ～ 3 年才能从一直通不过错误信念测试变为彻底通过，在长达 12 个星期的研究中，他们在错误信念上的理解能力暂时可视为没有任何进展。

　　而目标实验组的孩子们，则参与了更多的活动。在 6 个多星期中的多次课程里，他们看到了数十个不同的情景，都以错误信念为主题：马克斯寻找被藏起来的糖果；萨拉把自己最喜欢的娃娃放在了游戏室，但有人趁她不注意把娃娃拿到了卧室；何塞的狗逃跑了，藏进了车库……每个情景之后，这些孩子都被要求预测：人们会在哪里找到自己想找的东西。

　　最初，这些在开始没能通过错误信念测试的孩子自然而然地做出了错误的预测。例如：他们会说，虽然萨拉把娃娃放在了游戏室，而且没看见它被带走了，萨拉还是会去卧室找娃娃，因为娃娃就在卧室。

　　在预测之后，孩子们会看到萨拉去游戏室而非卧室找娃娃。接着孩子们又会被问道："萨拉为什么要这么做呢？"不管孩子们怎样回答，研究人员都会回答："哦，太感谢你了！"

　　最初，孩子们对萨拉行为的解释非常无力，而且背离了真正的原因。他们会说出一些和萨拉的需求无关的信息："她变了，她现在不喜欢那个娃娃了。"或者仅仅是："我不知道。"

但随着时间推移，经历更多之后，孩子们的解释会更有道理。他们会说："她没看见有人动了娃娃"或"她不知道娃娃不在那儿了"。甚至会说："她觉得自己的娃娃还在游戏室。"即使孩子们在回答后从未得到除"哦，太感谢你了"之外的任何的反馈，这种情况依然会发生。

随着解释能力的改善，孩子们预测错误信念的能力也在变化。12 节课后，他们做出预测的正确率从接近 0 提升到了 70% 左右。

**孩子在心智理论上的归因能力是可以训练的，有些训练方法是有效的。让孩子先预测再解释，使他们有更多机会创建、解释理论。这会引导他们去进行理论的构建，同时也会激发心智解读力的发展。**

## 为什么要说"为什么"

研究中，我们尤其强调要让孩子们解释事物为什么会发生，同样，他们也对这个话题非常感兴趣。大多数学龄前儿童都会经历一个特别爱问"为什么"的阶段，一连串的"为什么"让家长们很无奈。

孩子（3 岁 9 个月）：你会吃蜗牛吗？

妈妈：会吃，有些人的确会吃蜗牛。

孩子：为什么？

妈妈：因为他们爱吃啊。

孩子：为什么？……我就不爱吃蜗牛……为什么会有人爱吃蜗牛呢？

孩子们最想知道的话题往往与人们为什么做出某个行为有关，比如：

人们为什么要吃蜗牛。

有益的经验可以加速孩子心智解读力的发展，而这些经验的缺乏则会减缓其发展。在有益的经验中，最重要的一种是某个孩子不得不对事物进行解释，这会激励他创造和修正理论。事实上，相关研究发现，孩子与父母在家里对话时，越多地去解释事物，他们在实验室中面对错误信念测试时就表现得越好。

孩子也与成年人一样，会创建理论来对事物进行预测和解释。如果预测失败了，他们会绞尽脑汁找寻一个更好的解释，继而得到修正后的理论。这正是他们在实验中展现出来的情形。

这些研究，加上失聪儿童的数据，为心智解读力发展的 5 个阶段提供了补充，也指明了心智解读力发展的第二个要点：**心智理论的变化有其原因，不同的经历会导致心智解读力的发展在时间节点与顺序上的不同。**

## 心智解读力的发展顺序能改变吗

到目前为止，我们的讨论都集中在时间节点上。那发展的顺序会受影响吗？如果心智理论是依靠经验而来的，那不同的经验是否会导致孩子在发展阶段上的顺序产生差异呢？有一项自然实验，比对了在西方文化中长大的孩子与在东方文化中长大的孩子的差异，可以阐明这一猜想。

研究人员认为，西方文化与东方文化在强调个人主义还是集体主义方面有着非常大的不同。西方人更关注个体与独立，而东方人则秉持着在亚洲盛行的观点，更加关注集体中的共性，以及人与人之间相互依存的关系。历史学家将这种差异追溯至亚里士多德与孔子的时代，亚里士多德更关注真理、信仰与个体自我，而孔子更加务实，更注重所有心智正常的人都应学习的共性知识。

当与孩子谈及社交时，中国的家长更注重"明晰"谁是谁非、孰对孰错；而美国的家长则更强调"思考"，以及个体在思想与观念上的差异。

在这些差异之下，通过测试，中国的学龄前儿童普遍表现出了在发展顺序上的特殊之处。图 6-4 把在美国、澳大利亚长大的孩子与在中国长大的孩子相比较，双方首先理解的都是"欲望的分化"，但随后美、澳的孩子学会了"信念的分化"，中国孩子掌握的则是"知晓－不知晓"。① 也就是说，第 2 阶段和第 3 阶段对调了。

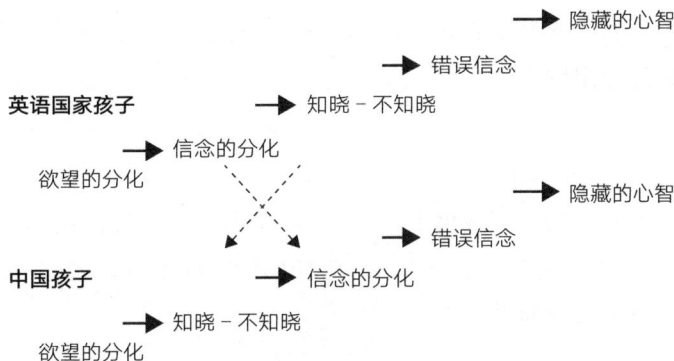

图 6-4　心智解读力发展顺序差异

---

① 中国孩子的心智及心智解读力的发展规律并非特例。伊朗同样是一个具有集体主义文化的国家，那里的孩子也表现出了同样的发展顺序差异，在理解"信念的分化"之前，先理解了"知晓－不知晓"。

诸如此类的比较显示，成长地域的不同，可能会导致心智解读力发展阶段的顺序不同。[6]虽然大多数孩子最终都获得了"标准"的心智解读力，但获得的顺序却由文化差决定。

这些更进一步的研究同样佐证了心智解读力发展的第二个要点。

**心智理论的改变有其原因，不同的经历会导致对心智解读力的发展在时间节点与顺序上的不同，而其时间节点与顺序，都以孩子的社交与沟通经验为基础。**

## 理论催生理论

心智解读力发展的第三个要点是什么呢？那就是：**先前的理论会对后来的理论同时起到促进与阻碍的作用。**

在我们的心智理论训练课程中，平均而言，孩子们都有进步，但各自间的差异较大。后期测试发现，有些孩子在错误信念测试中正确率高达100%，但有些孩子只有50%，甚至还有人低于50%。他们的训练课程可是完全一样的，究竟是什么导致了这些差异的出现呢？

在研究中，我们一开始就让一些孩子做了测试，以定位他们当前正处于心智解读力发展的哪个阶段。这时候，所有孩子都不能通过错误信念测试，也就是还没有达到第4阶段。差不多有一半的孩子能够理解"知晓－不知晓"，也就是正处于第3阶段，另一半孩子仅仅达到了可以理解"信念的分化"的水平，正处于第2阶段。所以，在实验一开始，有些孩子在心智解读力发展方面的水平，就已经比别的孩子要高。

在一开始的测试中达到第 3 阶段，理解"知晓－不知晓"的孩子，在研究结束时有 75% 可以稳定连续地通过错误信念测试。而那些在一开始仅仅在第 2 阶段，也就是理解"信念的分化"的孩子，最终无一人可以达到同样的水准。

孩子的进步与自身经历相关，只有受过训练的孩子才会进步。但同时，这些进步也与训练开始之前，孩子正处于何种理解水平相关。大多数从第 3 阶段开始接受训练的孩子最终理解了错误信念，从第 2 阶段开始接受训练的孩子却做不到。

由此，我们可以推导出心智解读力发展的第三个要点。

**孩子的发展进程不仅仅依靠那些产生了不可忽视影响的经历，同时也与他一开始已有的水平相关。孩子的水平如果接近于理解错误信念，就会促使他进一步学习，水平相应也会提升；如果他本身距离这一阶段就很遥远，就会影响他的学习效果。**

## 构建心智理论就像搭积木

童年时期的学习不仅是网罗知识，也不仅是以挖掘数据的方式来寻找规律，而更接近科学家通过之前的理论构建出新理论的过程。依靠新的数据，哥白尼超越了托勒密，后来伽利略又超越了哥白尼。孩子也是如此，依靠之前的理解与经验，构建出了自己的理论体系。

孩子对于需求的早期理解，让他们有了理解别人及其行为的途径。爸爸爱吃甜甜圈，所以他会去橱柜拿一个吃。可如果他做出了别的选择，比如打开了冰箱，那又是为什么呢？我们自然而然会想：他不知道甜甜圈放在哪儿。这采用了"知晓－不知晓"。或者这样想：他觉得冰箱里有甜甜圈。这又采用了"错误信念"。

但对于一个在理解需求上仍受限制的孩子来说，这是一个谜团。为什么爸爸不去橱柜里拿甜甜圈呢？那才是他想要的呀！孩子试图自己解释清楚整件事的来龙去脉，渐渐地，他也掌握了一些新思路。重要的不仅是"想要"，也是"他的想法"，甚至有些时候，后者更重要。

孩子们真的会一步一步构建起整个理论体系吗？这听起来有些不真实。孩子们搭积木时，会先把大块的积木放在底部，这样才能撑得起上面的其他积木。有时候，他们会眼看着自己的积木塔倒塌，不过随后就会加以修正，以便搭出一个更高更好的新塔。对学龄前儿童来说，几乎所有的智力测验都会涉及搭积木的任务。在学龄前阶段，越高越复杂的积木塔往往也需要更高的智力水平。

也许构建心智理论的过程没有这么明显，但也基于同样的道理：因探索、发现而产生，并逐步推进，将认知模块积木组合起来。或许对研究者而言，这个过程相当神秘，但对儿童来说，就像搭积木一样，一直是他们的游戏。

心智理论本身是一座被按部就班建成的大厦，这些步骤不仅精妙非凡，也向我们展示了是什么促成了心智理论的进步和发展。孩子们必须学着去构建、修正这些理论。正是童年期取得的如此巨大的成就，才让我们成年后能够理解心智。这是曾经年幼的我们给予当下的一份馈赠，更是我们将在余生使用并继续发展的技能。

# 07
## 孩子如何解读他人

R E A D I N G      M I N D S

　　心智的解读始于学龄前儿童，是因为他们自发创建了一个"中途站"，这既是早期学习的终点站，也是未来学习的起点站。但学龄前期这一阶段的爆发式发展，还是源于婴儿阶段。

　　本章想说明的第一点是：婴儿并非研究者曾经认为的那样毫无意识。即使是在降生的第一年，他们也对自己所处的世界有了非比寻常的了解。他们年龄不大，心智上的能力却不小。这种能力并不是与生俱来的，但他们天生就有一种非同寻常的、学习的倾向，尤其是关于他们的社交生活。

　　**在婴儿期结束的两岁之前，孩子们就已经为即将到来的所有社会性发展打好了基础，也为学龄前时期社交理解能力的大幅增长打好了基础。婴儿们也是通过仔细观察、**

**主动整合来学习的，就像把积木搭成一座高塔一样。**

多年以来，都没有人真正能认识到这一点。的确，我们怎么能想到情况竟是如此呢？毕竟这些婴儿不会说话，对身体的控制能力也非常有限。经过许多年的研究，科学家最终才发现婴儿竟如此聪明。研究者探索婴儿理解事物的过程，差不多跟他们发现的事实一样令人惊讶。

## 婴儿对社交的理解

在研究者明白来龙去脉之前，家长们就说过自家的小孩已经有了一定的社交理解力。我第一次有这种体验的时候，特雷只有几个月大。当时我在观察一只小鸟，特雷也跟着扭过头来一起看。随后，他又看向我，微笑了起来。"啊，"我想，"特雷和我有着共同的兴趣。"他是在对我说："你喜欢，我也喜欢。"

是这样的吗，还是只是我的一厢情愿？是我全速运转的心智解读力，将发生的情况归因于特雷拥有某些想法、情绪与欲望，而实际上，在这么小的孩子身上，它们本不存在。一个这么小的孩子，到底能不能理解别人的喜好？婴儿的表情和微笑是由一些未知的本能机制主动触发的，这样的假设难道不显得更合理吗？

无论家长们如何断言，几十年来，这种想法却是科学界的共识。美国心理学之父威廉·詹姆斯（William James）在1890年说过，一个婴儿的内心世界就是"嗡嗡作响的混乱之所"。詹姆斯和许多人都认为，种种事物都仅仅在婴儿的感官上蜻蜓点水般一带而过，就如同一段没有意义的舞蹈一样吸引着他们的注意力。没有任何人认为，他们拥有像心智理论这样组织有序的运行准则。

那么，特雷有没有意识到我们有着共同的喜好？还是我透过了为人父母才有的特殊滤镜去看这件事，产生了一厢情愿的观感？婴儿是如何去看待他人的呢？研究者又是如何揭示其背后的真相的呢？

## 皮亚杰的贡献

历史上，我们很少有关于孩子如何理解社交的书面资料。来自母亲们、奶奶们、外婆们的大量经验往往是口耳相传。有的父母会长期记录孩子的成长过程，每天做一两条笔记，这类日记可以提供相对更持久的信息。但这些信息不够系统全面，往往集中在父母关注的事情上，而他们今天在意的事，明天不一定在意。还有另一种情况：父母关注的仅仅是婴儿成长过程中的一小部分，比如小宝宝说出的第一个词，或是一些身体运动上的里程碑事件，如翻身、坐起、爬行和走路。这种情况一直存在，直到 20 世纪 30 年代，皮亚杰出版的一系列婴儿观察日记产生了巨大影响。[1] 皮亚杰的日记既有极强的系统性，涉及的内容又非常全面。

在日记中，皮亚杰以小时为单位，做了大量详细、结构得当、极有洞察力的记录，介绍了他的 3 个孩子在出生的最初几年里的情况。这些记录都是手写在纸张上的，皮亚杰当时没有什么录音设备和计算机来减轻工作量。我们在阅读这些细致入微的日记时，会感觉它们并非出自同一人之手。实际情况的确如此。日记中的相当一部分是由皮亚杰的夫人瓦伦丁（Valentine）记录的。瓦伦丁也是一名受过训练的科学家，皮亚杰在大学里工作的时候，瓦伦丁就一直在家里陪着孩子们。我们是从历史调查中得知这一点的，皮亚杰本人从来没有提到过妻子也参与了日记的撰写。这些日记至今仍然是一项具有里程碑意义的科学成就，它充满洞见，值得一读，但它的确是两位作者的心血，而非一个人的。

**皮亚杰得出的结论是，即使是新生儿，也有着明确的视觉与听觉**

**偏好。我们现在已经知道，他们的偏好往往与他人的视觉刺激与听觉刺激相关。这之所以重要，是因为加强孩子对与人有关的外界信息的关注，会启发他们的社交学习能力。**

个体需要理解自身所处的社交世界才能生存，而他们首先要关注社交，才能激发出这方面的能力。

皮亚杰记录细致入微的观察数据几十年之后，研究者才找到了能够证明婴儿的确在关注社交的证据。1961 年，在克利夫兰，罗伯特·范茨（Robert Fantz）在任教的大学里第一次系统地测评了婴儿的视觉注意力。[2] 范茨向婴儿们展示了一个牌子：一条竖线把牌子分成两个部分，一边画了一张人脸，另一边则画了一个靶心。牌子的中心有个孔。范茨躲在牌子后面，从孔里观察对面的婴儿在往哪个方向看。

他发现两个月大的婴儿看牌子上画着的脸的时长，是看靶心时长的两倍。据此，他提出了这样的问题：这是因为婴儿更喜欢人脸，还是因为他们对复杂的图形更感兴趣？

范茨随后改进了研究方法，让婴儿在看到画在一边的面孔的同时，也能看到另一边画着的一张同样复杂的图片。尽管如此，婴儿们还是会看向人脸。不止如此，范茨还进一步确定，婴儿甚至有着比这更强大的辨别力。仅仅在出生几个星期后，婴儿就对自己母亲的面孔产生了偏爱，而不愿意去看另一位和母亲头发长度、颜色都相近的女性的脸。

其他研究人员也有了进一步发现：婴儿也会靠吸吮的体量和强度来表现自身的偏好。当婴儿感到饥饿的时候，会吸吮得更多、更用力，哪怕没那么饿，他们还是喜欢吸吮。不仅如此，如果他们看到或听到自己感兴趣的东西，就会吸得更频繁、更用力。

发明并使用自动记录婴儿吸吮数据的奶嘴后，研究人员发现，婴儿对声音的注意就像他们对视觉刺激的注意一样，也是具有社会性的。比起听到陌生人的声音或随机噪声，刚出生几天的婴儿会在听到妈妈的声音后更强烈地吸吮。而进一步的研究表明，婴儿更愿意听到妈妈的声音，胜过世界上的任何其他声音。[3]

婴儿能展现出这样对于不同刺激的不同关注，付出的努力要比我们想象的多得多。毕竟，吸吮是费劲的，越是用力，越是费劲。为了能一直听到妈妈的声音，年幼的孩子会付出很多的努力，如果有必要，他们会非常卖力地吸吮。

很明显，以上这些发现依然不能告诉我们婴儿是怎么想的，只能告诉我们他们是怎么做的。比如，我们并不能说，相比于其他的声音，萨米更"喜欢"妈妈的声音，我们只能说，妈妈的声音更能引起他的注意，甚至能使他付出代价。不管怎样，这种关注人的能力可能有助于萨米的祖先生存，并将继续帮助萨米学习如何生存。

研究者可以确定婴儿关心的究竟是什么之后，又提出了新问题：他们能够理解自己参与的社交信息吗？这将向我们揭示，在学龄前儿童身上蓬勃发展的心智理论在其刚刚出现的时候，是什么样子的。

最开始，问题似乎无法解答。婴儿可供研究的行为非常有限，他们不会说话，也很少会刻意做出手势与体态。直到20世纪80年代，研究者们才最终破译出了密码。新方法基于这样的事实：婴儿经常看同样的东西，就会觉得厌烦。一旦他们厌烦了，又会开始看向别处。如果我们一遍又一遍地给苏茜看妈妈的照片，她最终也会因为厌烦而看向别处。如果这时我们把图片换掉，让她看到一个陌生人，虽然通常来讲她还是更愿意看妈妈，但此时她却会花更长的时间去看这个陌生人。她能够意识到图片上的人有一张新鲜的面孔，她更喜欢看以前没见过的事物。

这种方法能够让婴儿对"你接触过这个吗"这样的问题给予"是"或"否"的反馈。如果儿童参与度更高，那回答便是"没接触过"；如果儿童参与度不高，那回答便是"接触过"。研究者利用婴儿的反馈，即所谓的"违反预期法"，进行更深入的研究。多个由"是"或"否"来回答的问题被有序串联在一起，以便让我们了解婴儿的想法。

我最早是在伊丽莎白·斯佩尔克（Elizabeth Spelke）的实验室里进行的活动中发现这一点的。斯佩尔克是哈佛大学著名的婴儿研究专家，开创了"违反预期法"，并在研究过程中从根本上改变了我们对人类认知的理解。她实验室中的助理们就像蜂巢中忙碌的蜜蜂一样，在同时对婴儿认知的诸多方面进行着多项研究。[4] 而被亲切地称为"宝宝夫人"的斯佩尔克，则负责统筹这些工作。正是在她的实验室里，我掌握了研究婴儿的方法。我们在密歇根的婴儿认知项目，也就是"宝宝实验室"中所使用的研究方法，比如我们招募父母，再让他们把孩子带到实验室，以及我们培养学生助理的方式等，都直接受到了她的启发。

直到最近，斯佩尔克的研究依然集中在婴儿对球、墙、桌子和铃铛等客观实体世界的想法上，而我想知道的是婴儿对人与心智所构成的社交世界的想法。[①]

---

① 斯佩尔克现在也说："一直以来，我都在往婴儿手里塞东西让他们拿起来，或者让他们在屋子里转来转去，以研究他们是如何在空间中给自己导航的。可他们真正想做的事，是和其他人交往，为什么我浪费了 30 年时间，现在才开始研究这一课题？"

## 婴儿如何理解他人

当我们第一次听到"婴儿如何理解他人"时，可能会觉得这是无稽之谈。刚出生几个月的婴儿就能思考了吗？难道他们不是只能时而专注地盯着某处，时而无聊地四处张望吗？我们又是如何收集了相关的科学证据来做出推论的呢？

20世纪90年代，斯佩尔克团队中的一名博士后阿曼达·伍德沃德（Amanda Woodward）离开哈佛大学，来到芝加哥大学，开始使用"违反预期法"研究婴儿理解他人的水平。[5] 伍德沃德和助手们为不到4个月大的婴儿制作了一出情景短剧。苏茜看到一位男士坐在两个玩偶中间，一个是青蛙，放在他右边的橙色垫子上，另一个是鸭子，放在他左边的紫色垫子上。这位男士看着苏茜说："嗨，苏茜！"随后他便从右边抓住了青蛙，但没有移动。一名助理会测量苏茜能保持看着这个定格的场景多长时间，直到她转移视线。同样的短剧会在苏茜面前一遍又一遍地上演，直到她瞥一眼就把目光移走。

伍德沃德的问题是：婴儿对这个短剧有着怎样的观感？苏茜仅仅看到了一个不断重复的动作，还是会有更进一步的认识？她是否会想："这个人想要青蛙？"伍德沃德的下一次测试，将会回答上面这些问题。

在苏茜不再看这出短剧时，两个物品的位置对调了。一些婴儿看到的是，那位男士把手伸到了右边，抓的却是鸭子而非青蛙，这是一个新物品。在这种情况下，婴儿们看到的是用旧动作抓到了新物体。而另一些婴儿看到的是那个人把手伸向了左边，拿到的依然是青蛙，这是新动作与旧物体的组合。

这些短剧是为了测试苏茜和其他婴儿如何看待对面男士之前的动作。他的手一直往右伸，只是一个没有什么特殊原因的重复动作，还是因为他想要那只青蛙？

如果婴儿们看了原来的短剧并认为他是想要青蛙才往某个方向伸手，而不是简单的重复动作，那他这次把手伸向了另一个方向，拿的却依然是青蛙，就在他们的意料之中。这样一来，对方又拿到了青蛙。面对"你接触过这个吗"的问题，答案是："接触过。"

但如果对方是用旧动作拿了新物体，婴儿们的注意力就会被调动起来了。他们原本预期的是对方要拿青蛙，但出人意料的是，对方拿的是鸭子。面对"你接触过这个吗"的问题，答案会是："没有。"虽然对方使用了他们已经看了很多遍的动作，但结果依然违背了预期。

当这位男士伸手去抓鸭子时，4个月大的婴儿能象征性地回应："这个我可没料到！"他们会将对方理解为存在着欲望：他是因为想要青蛙，才伸手拿青蛙的。这是婴儿迈向心智理论的第一步。

不过，这种解释一定正确吗？如果婴儿们像"深蓝"或葛兰汀一样，是在进行数据挖掘呢？如果他们是以某种自动化的方式把"人"、"伸出手"、"青蛙"和"橙色的垫子"联系在一起，而没有考虑到这些元素与对方的愿望和目标相关呢？

为了解答这个问题，研究人员又编了一出短剧，我所属的"宝宝实验室"也参与其中。一位女士面朝着一个透明的盒子，盒子中放着15只鸭子玩偶和5只青蛙玩偶。[6]一些婴儿看着这位女士从盒子里拿出了5只鸭子，没有拿青蛙。这个场景被不断重复，直到婴儿们感到厌烦，几乎不再看了。这个场景被称为"多数短剧"，看过的成年人会这样说，"因为鸭子太多了，所以她总是拿出鸭子来"，或者"鸭子拿起来更顺手一些"。

另一些婴儿看到的是"少数短剧"。这位女士面前依然有整整一盒的玩偶，但这次青蛙玩偶有 15 只，鸭子玩偶却只有 5 只。她从盒子里拿出了全部的 5 只鸭子，却连 1 只青蛙都没拿。这一幕也被不断重演，直到婴儿们几乎不愿再看。如果让一个成年人解释"少数短剧"中的场景，他们会说"这位女士真的很喜欢鸭子"，或"出于某种原因，她想要鸭子"。

请注意，不管看的是"多数短剧"还是"少数短剧"，作为观众的婴儿和成年人看到的动作都是相同的：一位女士伸出手从盒子中拿了 5 只鸭子。其关键元素是一致的：女士、伸手、5 只鸭子、盒子。看到"少数短剧"的成年人会说："显而易见，这位女士就是想要鸭子。"他们可以推断出她的潜在心理状态，也就是对鸭子的需求。

令人印象深刻的是，在我们的研究中，就连 10 个月大的婴儿也能做到，这是迄今为止我们测试过的年龄最小者。那我们是怎么得出这一结论的呢？在婴儿们看过多次"多数短剧"或"少数短剧"，已经感到厌烦时，我们会给他们看"测试短剧"。在这部短剧中，那位女士的两边各摆了一个透明的小碗，一个里面放着青蛙，另一个则放着鸭子。随后，她会向青蛙或鸭子伸手。

当她伸手拿青蛙时，之前看过"少数短剧"的婴儿会对这一场景看得更久。他们认为这位女士喜欢的是鸭子，而现在要拿的却是青蛙。这一场景有违婴儿们的期待，他们会想："这我之前可没见过。"

相比之下，之前看过"多数短剧"的婴儿看到的是，对方轻易拿到了鸭子，他们不会对任何一种新情况有太大的反应，因为他们想的是："老一套，还是老一套，这位女士能拿到哪个玩偶就拿哪个而已。"

等婴儿稍微大一点儿，他们就可以主动地给予他人或向他人索取东西了，这种情况下，他们可以通过把玩偶递给对面的女士，来参与到研究中。在 18 个月大的时候，看过"少数短剧"的婴儿会把两个小碗中的鸭子都递给对方，毕竟在他们看来，这位女士之前在盒子里选的就是鸭子，自然也就喜欢鸭子。但看过"多数短剧"的婴儿，在递给对方玩偶时，情况就不一定了，可能是青蛙，也可能是鸭子，还有可能两个都递给对方。这是因为这位女士在前面的短剧中没有明显表现出对鸭子的偏爱，看上去，她只是哪个顺手就拿哪个而已。

以上这些短剧能够清楚地证明：**婴儿并不仅仅在做数据挖掘，在某种程度上，他们也是能够理解他人欲望的。**"这位女士喜欢鸭子，那位男士喜欢青蛙。"这正是形成中的心智理论，也是心智解读力的发端。

## 关于婴儿的两大争议

一开始，"婴儿能够理解他人欲望"似乎不太可能。但随着研究的深入，这一观点越来越清晰并被接受。此外，在与婴儿有关的一系列议题中，出现了一些让人乍看大跌眼镜的结论，同时还有一些人们正激烈讨论的问题。

### 婴儿是自我中心主义者吗

多年来，有一个流行的观点认为，婴儿是带着非常强烈的自我中心倾向开始自己的生活的。婴儿们在思考时只会靠自己的行为和状态去理解他人，而无法记录、解析他人的行为和状态。皮亚杰曾说，婴儿会被自己的感官体验束缚，比如对事物的视觉注意、吸吮和抓握这样的动作。他们无法区分自己的主观体验和别人的体验，比如，他们分不清"我看见了鸟，我很喜欢"和"你看见了鸟，你很喜欢"。

但这样的观点与之前所展示的情况截然相反。比如，在"要青蛙还是要鸭子"的系列研究中，当婴儿被要求给自己选一种动物玩偶时，大约一半的婴儿会选青蛙。如果他们是自我中心化的，他们同样会选择递给那位女士一个青蛙。毕竟，从以自我为中心的角度看，她想要的与这些婴儿想要的一样。然而，看过"少数短剧"的婴儿会一直递给对方鸭子，因为在她之前那么多次选择的影响下，他们明白了她想要的是鸭子。

我们之前提及的"西蓝花和小鱼饼干"研究也揭示了同样的道理。虽然婴儿们自己更喜欢吃小鱼饼干，但在贝蒂用"好吃"来表示她喜欢西蓝花后，婴儿们还是递给了她西蓝花。

**众多的研究表明，即使婴儿只有 10 个月大，也能够明白其他人有着属于他们自己的欲望。**至少在某些时候，他们能够明白：虽然我喜欢小鱼饼干，但他却是喜欢西蓝花的。即使很年幼的婴儿也不会完全采用自我中心化的方式去理解他人，这与传统的观点截然相反。

### 婴儿能理解错误信念吗

还有一个争议颇多的领域，便是婴儿能否理解错误信念。如果他们能够理解，也就意味着成熟完整的心智理论在这一年龄段就已经萌芽了。

多年以来，甚至没有研究人员提出过这个问题，但对学龄前儿童的研究成果已经非常明确了：

> **孩子们是在学龄前阶段开始理解错误信念的，不仅如此，还出现了撒谎、说服、保密等行为，这些都是日常生活中对错误信念的使用。**

有研究者进一步提出这样的问题：也许婴儿就已经有了对错误信念的初步认识了呢？

2005 年，克里斯廷·尾西（Kristine Onishi）和勒妮·巴亚尔容（Renee Baillargeon）发起了一项研究，后来成为这一领域相关研究的奠基之作。[7] 他们的研究方法同样基于婴儿们的表现行为——在看到不同于预期的短剧时。事实上，巴亚尔容同伍德沃德一样，也是在斯佩尔克的实验室里攻读博士后时，才开始进行婴儿的相关研究的。

在第一段短剧中，15 个月大的孩子看到一个成年人把红色的玩具西瓜放进了绿盒子。随后，他看到西瓜被移动到了另一个黄色的盒子中，而移动的行为，并不是由之前的那个人完成的。

在测试短剧中，孩子们看到那个人把手伸进了盒子里。半数孩子看到她把手伸进了绿盒子，也就是西瓜原来在的地方；另一半的孩子看到她把手伸进了黄盒子，也就是西瓜被挪到的另一个盒子里，第一次放西瓜的人对此毫不知情。这两个短剧中，哪一个有违婴儿们的预期呢？

掌握了错误信念的孩子能够明白，那个人会认为西瓜仍在原来的位置，他会预料到对方把手伸进绿盒子里。如果对方反而把手伸到了黄盒子里，这个孩子与错误信念有关的预期就会被推翻。如果他是个婴儿的话，他就会更多地注视这个场景。如果这个孩子还没能理解错误信念，他会期待那个人在西瓜真正所在的盒子去找它。如果对方把手伸进了绿盒子，他就会注视更长时间。

在这个研究中，孩子们表现出了具有错误信念认知的反应。15 个月大的孩子在看到那个人把手伸进黄盒，要比看到她把手伸进绿盒子时，注视短剧场景的时间长得多。

但这些研究，不同于巴亚尔容也参与过的、关于婴儿如何理解欲望的研究，无法得到普遍有效的重复。我们的宝宝实验室也无法得出同样的结果。德国的儿童发展学家汉尼斯·拉克西（Hannes Rakoczy）在发布过的一份关于重复研究的报告中表示，大约有一半使用违反预期法研究错误信念理解的实验都是失败的。总的来说，对于婴儿如何理解错误信念，我们当前面对的是难以解读的结果，有效性只有 50%。

另外，像巴亚尔容这样取得了实验成功的研究者认为，他们的研究成果展现出了人类在生命的早期阶段对内在状态的一种隐性的、先天的理解。根据这样的阐释，这些数据就表明婴儿对于错误信念的理解是不需要学习就能获得的。但是，听力正常的父母养育的失聪儿童身上所发生的事情却反驳了这一观点。

如同我在第 6 章中所论述的，听力正常的父母养育的失聪儿童在理解信念和知识时会更加迟缓，也许就是因为他们缺乏早期的社交与沟通经验。那失聪的婴儿又会是什么情况呢？他们是否如尾西和巴亚尔容所言，先天就有理解错误信念的能力？如果对错误信念的理解与生俱来，那它不会因婴儿有没有听力而产生分别，在所有婴儿身上的表现都有着统一的时间节点，毕竟它是内置于发展进程之中的。可如果这种能力是后天习得的，那它在失聪儿童身上将会延后出现，因为他们受制于听力和语言上的障碍，获得的社交信息很有限。

在近期的一项研究中，马雷克·马里斯托（Marek Maristo）和他在瑞典的同事对 17 个月大的失聪儿童进行了实验。方法类似于尾西和巴亚尔容之前的研究，[8] 结果却显示，这些失聪儿童对错误信念却没有什么反应。只有年龄较大一些的失聪儿童能够表现出这种能力，而且他们在这方面的时间节点，同他们在心智理论发展过程中的其他关键节点一样，处于滞后的状态。这一结果说明，对于错误信念的理解是极不可能先天就存在的。

相反，对于心智理论的理解，即使是那些通常出现在婴儿阶段的部分，也总是同时取决于孩子的个人经历，以及孩子从这些经历中的主动学习。其结果就是，一些类型的理解很早就能出现，一些则稍后才能逐步显现出来。

## 与生俱来的学习力

对于心智解读力的发端，我们知道了很多，却并非洞悉了全部。**这一话题引发了持久争论：人类是靠先天因素还是靠后天学习完成了社会化发展。**斯佩尔克非常确信，婴儿对社交的理解力中，大部分一定是与生俱来的。她说，婴儿对他们所处的社交世界表现出了如此多的理解，他们根本就不可能这么早就学到了这么多东西。根据斯佩尔克的说法，数千年来的进化使得人类从出生起便具有一些基本而独有的特征，比如有两条腿、视野开阔，以及在婴儿阶段便能理解他人有着自己特有的心理状态。[9]

很显然，这在一些情况下是正确的。人类有着良好的视觉能力，也的确有两条腿。他们能对自身周边的社交世界保持专注，也很早就能表现出一些对社交的洞察力，比如，可以理解不同的人想要的东西并不一致。但这并不意味着这些能力都来自先天。我认为，斯佩尔克低估了人类思维中让每个人成为独特个体的关键部分：我们具备一种强大且生而有之的学习能力，可以用难以置信的速度在广阔的范围中学习。这种能力是我们进化的天赋与优势。**儿童阶段的学习是构成我们性格与天性的关键。它定义了我们究竟是谁。**

人类会根据自身所处的生态位置去适应生存环境，其他物种则几乎靠着本能生存。人类之所以能够生存繁衍至今，正是因为可以靠着学习来适应几乎所有的生态环境。我们可以通过制衣、狩猎、驯化动物、农业和技术来达成适应的目的，但所有这些方法全都以我们的学习能力为基石。

**我们长久且备受呵护的童年是一个特殊的窗口期，专门用来进行各项学习。这种行为将持续不断，让我们成为终身学习者，也会进一步引导我们在成年阶段去研究科学，钻研数理，创作诗歌，以及发明让生命继续繁衍的新技术。**

本章重点不在于说明婴儿年龄那么小，却懂得那么多，虽然他们的确如此。婴儿的理解能力如何，还会在后文中被进一步揭示，同样令人震撼。但仅仅认为婴儿的理解能力与生俱来，却是小看了他们的勤劳与努力。婴儿有着令人印象深刻的理解能力，是因为他们从小就具备了惊人的快速学习能力。

婴儿的理解能力可以在几个星期内达到令人惊讶的跃升。在婴儿对社交的理解领会方面，这种情况尤为典型，为人父母，总是能惊喜地发现孩子身上的这类变化。婴儿通过仔细的观察与信息整合来完成学习，就像把玩具积木搭成高塔一样。对于一个坐着宝宝椅、不会说话、协调性也不够的小人儿来说，这是一种非常了不起的成就。在两岁之前，孩子就为即将到来的所有社会性发展打好了基础。

研究人员对社交理解的探究越深，就有越多人坚信，对婴幼儿来说，社交理解能力的发展速度，甚至比语言学习这样的可见技能的发展速度更快。而且，它也发生在类似的成就大爆发期间。这就是心智解读力的发端，并会一直持续到成年阶段。我们一块又一块地添砖加瓦，在先前的理论系统基础上，构建了新的理论。这个能力所发出的第一道夺目光芒，就闪耀在我们的婴儿时期。

# 08

## 孩子如何解读虚构

READING MINDS

我孙子快 5 岁的时候，做了一张配有插画的图表，里面全是他身边的"超级英雄"。比如妈妈踏过炽热的熔岩时如履平地；爸爸有"千里眼"；姐姐钢筋铁骨，非常强壮；而他最喜欢的毛绒玩具特别能熬夜，甚至能"扛过午夜"。

作为"超能力"，这些能力也许并没那么炫酷，但它们向我们揭示了一个孩子正要步入的独特世界。这之中包含超能力、抽象思维，以及"神"、超级英雄、死后的世界和全知全能这样的概念。

尽管学龄前儿童有着非凡的天分、卓越的学习能力，但这依然不是他们的主场。这个抽象又深刻的世界为小学生们打开了大门，就像打开了通往纳尼亚王国①

---

① 纳尼亚王国是英国作家 C. S. 刘易斯（C. S. Lewis）创作的《纳尼亚传奇》（*The Chronicles of Narnia*）中的神秘奇幻世界。——编者注

的大门。孩子能够在这里持续发现、学习，直到成年。

我们从孩子上学前对恐龙和重型机械设备的热爱中，就能看到这段旅程的起点。孩子本身弱小而无力，霸王龙和推土机却高大又雄健。孩子能连着看好几个小时的道路施工，成年人却未必能。

## 超级英雄登场

**超级英雄为孩子心智理论发展的方向提供了新的路径，使他们能够超越平凡普通的事物，开始思考一些非比寻常的存在。**

超人又高又壮，还具有超能力：他会飞，而且还有 X 射线透视能力。但超人并非不食人间烟火，他也得吃喝拉撒，而且还爱上了路易丝·莱恩（Lois Lane）。虽然超级英雄们都很厉害，但只要用有形且可知的东西来比照，年幼的孩子就能够理解：超人有着钢铁之躯，力气超过了火车头，速度快过了子弹。

来自"父母荟萃"①的一位家长詹姆斯·穆尔曾讲过，他家 4 岁的孩子几百万次地要求他陪自己假扮超级英雄：

> "行吧。"我有点儿疲倦地说。
> "好的！"他说，"我做蝙蝠侠，你就做钢铁侠（Iron man）吧！"
> "那钢铁侠能干什么呢？"我说。
> 很明显，儿子一点儿都不知道钢铁侠究竟能干什么。
> 他思考了一会儿，跟我说："呃，他会熨衣服（Ironing）！"

---

① 一个现已停业的家长网站。

那么，有没有比极快的速度、无穷的力量或者花哨的熨烫技法更出色的想法呢？有，比如"神"。多数"神"几乎都是完全抽象的，不同于孩子接触过的任何东西。

## 孩子如何与"神"相连

一开始，孩子并不了解"神"的概念，对其产生兴趣，只是因为超能力。当被要求画出神的形象时，孩子们画出来的更接近一个具有超能力的人。有个5岁的孩子画出了穿着制服的神，因为"它是全世界的超级英雄"。而另一个9岁的孩子把神画成"有双大耳朵"，因为这样"它才能听见我们说的每一句话"。

随着孩子越发成熟，他们会开始思考神身上的不同寻常之处。英国女演员、作家莫妮卡·帕克（Monica Parke）提到自己7岁的儿子曾问到与神有关的事情：

> 我们告诉他，虽然我们看不到神，但依然相信神存在于每一个生灵中。
>
> 第二天早上，他走进房间，告诉我们他认识一个见过神的人，就是他的医生。因为医生会给人开刀治病，肯定见过藏在人身体之中的神。[1]

从类似的事情开始，孩子接触了"神""全知""来世""灵魂"等概念，那些正是神学家和我们许多人终其一生都在争论与努力尝试去理解的。[2]这恰恰是另一个靠着孩子的简单起点，可以照亮我们复杂终点的话题。

**这一过程表明了这样的观点：孩子一开始的确是在理解普通人的那种既受限制、又容易犯错的心智。后来，以此为发端，他们逐渐开始去领会那些非凡心智的运转。我们称为拟人化发展模式。**

然而，还有另一个观点：孩子对神有一种特殊的理解。因为他们处于生命的初始阶段，更能感受到神的存在。19 世纪的浪漫主义者是这一观点最早的支持者，他们相信，因为孩子的思想还没有被世俗经历所污染，所以他们对神有着成年人无法企及的理解能力。

　　贾斯汀·巴雷特（Justin Barrett）是一位儿童发展领域的杰出研究者，同时也是一名虔诚的宗教信徒。他分外推崇这一观点，相信儿童能够理解神的无所不能。为了验证这一点，他和几位合作者采用了标准的错误信念测试来进行实验。[3] 他们给学龄前儿童看了一个饼干盒，并让他们以为其中有饼干。盒子一打开，里面却全是小石子。随后盒子再度被盖上，孩子们会被问及妈妈与神会分别认为盒子里装的是什么。四五岁的孩子经常会说妈妈不知道里面真正装的是什么，这是典型的对错误信念有认知的反应。但许多孩子会说神知道盒子里装的是什么，因为他们认为神是全知全能的。

　　巴雷特认为，这支持了"准备就绪"的假设，而非拟人化的假设。孩子从一开始就做好了准备，认为神比人有着更高层次的理解能力，也就是说人都是天生的信徒。巴雷特的研究引发了一系列争论，其中之一是，巴雷特在自己的研究中，把学龄前的孩子按一岁的年龄差来分组。这样的分组标准过于宽泛，以致无法展现出孩子最早的信念是什么样的。于是在后续的研究里，我们团队中以现任范德堡大学教授的乔纳森·莱恩（Jonathan Lane）为首的一批研究者，从年龄的角度对孩子们进行了更细致的区分。[4] 随后，我们也让孩子们去判断不同的对象所知道的事物之间，能有多大的差异。

　　我们询问的角色包括：神、有透视能力的超级英雄，还有像妈妈这样的普通人。因为不能确定孩子们是否知道神具备种种特殊的心理能力，我们还专门介绍了"聪明先生"这个角色。我们告诉孩子们，聪明先生"不用看就通晓万事万物"，我们还展示了聪明先生的照片：一个脑袋很大的老人，看上去非常的睿智。

在我们的研究中，才满 4 岁的孩子刚刚能够知道普通人身上所发生的"不知晓"和"错误信念"。这些孩子认为，神和聪明先生有着与普通人相同的局限性。神跟妈妈一样，也不知道盖上盖子的盒子里装着什么。4 岁多的孩子与更大的孩子则重现了巴雷特的研究结果，他们说神和聪明先生知道盒子里装的是什么，妈妈却不知道。

我们在美国进行了这项实验，这里的人普遍相信神。根据皮尤研究中心提供的数据，美国居民中有超过 90% 的人相信上帝。那么，在童年期对神具有基本的认识也应该非常普遍。我们也招募了来自虔诚宗教家庭的孩子，他们从很小的时候就接受过与神有关的教育。

无论是在世俗家庭，还是在宗教家庭中长大，孩子们显然都表现出了更接近"拟人化"的发展模式，而非"准备就绪"。受宗教教育长大的孩子很早就听过神的非凡能力，他们仍然只能使用自己童年期限制下的理解能力去思考。一个 4 岁的孩子告诉过我们一段发生在星期日学校[①]里的对话，很能说明这一点：

孩子：老师说耶稣治好了失明的巴底买，后来她又说是上帝治好的。

我：你刚才不是说是耶稣治好的吗？

孩子：但耶稣就是上帝啊。啊？那上帝怎么还能同时是自己的儿子呢？

———————————

① 星期日学校又称主日学校，是 18 世纪末 19 世纪初在英国等国兴起的一种只在星期日教学的贫民儿童学校。——编者注

即使学龄前儿童开始相信神具有非凡的理解力——比妈妈知道的多得多，可还要等很久，他们才能理解那种能力远非人类所能企及。为了达到这个理解水平，孩子们还要花很长时间来完成多项挑战，因为不管对成年人还是孩子来说，神的某些属性都不太容易被领悟。[5]

## 谁有全知的心智

知晓一切是人们对神最普遍认同的属性之一。虽然成年人经常随口就说"上帝才知道"，但对孩子来说，无所不知也是一种难以捉摸的艰深概念。一个 7 岁的孩子说：

> 我知道耶稣什么都知道，《圣经》上说"就是你们的头发，也都被数过了"。但放眼全世界，也没人能数完我奶奶的头发。

罗伯特·寇尔兹（Robert Coles）在《孩子们的心灵生活》（*The Spiritual Life of Children*）一书中提到，一个十几岁的女孩称自己可以跟神交流，而且担心自己"问了太多问题，占用了神太多时间"。[6]

在理解超人的概念时，我们并不需要纠结于"全知"。如果超人会解读心智，他就能够知道反派的阴谋并一举戳破，城市也将永远和平繁荣。但这样就没有了正邪对抗，没有了命悬一线时心惊肉跳的感觉，更没有了跌宕起伏的情节。[7] 那么，我们是在什么时候，又以怎样的形式开始理解"全知"的呢？

我和乔纳森·莱恩试图探究 3 ～ 11 岁孩子以及成年人关于"全知"这个话题，都知道些什么。[8] 因为我们并不确定孩子对于神的"全知"有着怎样的认识，所以我们又一次请出了"什么都知道"的聪明先生。

这次，我们拿出了一个不管是孩子还是聪明先生，都"从来没有见过"的纸盒子，然后再问他们："你们知道盒子里有什么吗？"

"不知道。"孩子们回答。

"里面有个订书机。"聪明先生说。然后你猜怎么着？里面真的有一个订书机！我们会再次重申："聪明先生什么都知道。"

当然，我们不仅会问孩子关于盒子的问题，还会问："那你知道这个订书机是哪里生产的吗？我反正不知道，也许你知道。"

孩子们会回答"不知道"或者说出自己的猜测。不少孩子会说是中国产的。聪明先生则回答："产自加拿大，咱们一起来看看。"把订书机翻过来，就能看见一张贴纸，上面写着"加拿大制造"。

我们会多做几次类似的演示，并说同样的结语："聪明先生什么都知道！连看都不用看一眼！"最后，我们问孩子："聪明先生知道什么？"孩子则会回答："知道一切！"我们竭尽所能，用孩子可以理解的方式，让他们对"聪明先生是全知的"深信不疑。

随后，我们研究孩子们如何进一步利用这一知识。首先，我们问他们"神""聪明先生"和"妈妈"的知识面分别有多宽。他们中有没有人知道"你此时此刻正在想什么"，"世界上最大的树在哪里"，"明年夏天会有多热"，有人能够通晓过去、现在，甚至未来吗？又有谁，能知道别人的内心想法？

我们后来还问了关于知识深度的问题，比如他们对飞机、汽车和星球等专业领域的知识量，是不是和专家一样多："医生和飞行员，谁更了解飞机？聪明先生和飞行员相比呢？"

根据其定义，全知者具有的知识甚至超过了这个领域的专家，因为所谓全知，便是无所不知。这与我们本身具备的那种高度不完善的理解能力不同，也与专家所具有的理解能力有差异，甚至都不同于超级英雄的超能力。全知的心智已经超越了"超能力"的范畴。

然而我们很快就发现，学龄前儿童会报告说，即使是神和聪明先生也不具备全知的心智，因为有许多事情，他们也不知道。神或聪明先生会比妈妈更懂医学，却并不比医生懂得更多；他们也知道关于飞机的许多知识，但不会比一个飞行员或飞机机械师知道得更多。

随着孩子们慢慢长大，他们会认为神和聪明先生拥有的知识越来越多。但就算是参与研究的 11 岁孩子也会一直认为，"知道很多"还远远达不到"全知"的层次。

## 宗教会产生影响吗

我和乔恩想进一步探讨：受过更多宗教教育的孩子会比其他孩子更好地理解"全知"的概念吗？在第二个研究中，我们测试了一些来自虔诚的宗教家庭的孩子，他们在宗教学校中接受过关于神及其力量的专门教育。

同那些在世俗家庭长大的同龄人一样，来自宗教家庭、有过宗教教育背景的学龄前儿童也认为，即使是"全知的心智"，也仍然"不知道很多东西"。从 3 岁长到 11 岁，孩子会逐渐认为神与聪明先生相比于妈妈，拥有了越来越多的知识。但即使是在虔诚的宗教家庭中长大的孩子，多年来一直接受关于神非凡力量的教导之后，也会认为知道一切的神与聪明先生，会比妈妈更了解飞机，也会比医生更了解飞机，但还是没有飞行员那么了解飞机。

> **孩子们接触与神有关的想法与观念越多，就会越早地认为神具备更多的知识。但就算是我们研究中接受过宗教教育的年龄最大的孩子，也会一直认为"知道很多"还远远达不到"全知"的层次。**

## 成年人也一样

成年人也会把全知当成一个难以捉摸的概念。在另一些研究中，当要求美国成年人去评判神的能力时，许多人会说神是全知的，知觉上的限制并不能影响到他知识的边界。可在他们具体应用这一特点的时候，却容易陷入困境。[9]他们听过这样一个故事：有许多人在同时向神祷告，那些曾清晰表述过能够理解神的全知性的人，说神会先处理祷告在先的人，后处理祷告在后的人。这说明在这些成年人的日常思考中，还是默认神像人一样受着能力的限制，就像之前提到的那个小姑娘一样，担心自己是不是占用了神太长时间。

几个世纪以来，神学家一直都难以将彻底的全知概念化。奥古斯丁（Augustine），及他之前的托马斯·阿奎那（Thomas Aquinas）都指出过，要讨论一个彻底的"他者"是很困难的。不管是大人还是孩子，都无法突破以受限的人类所组成的背景，去领会某种完全不受限制的心智。

## 死后的世界

有 75% 左右信仰宗教的美国人相信有来世，差不多同样比例的人相信好人会上天堂。人类学领域的证据表明，这样的信念有着悠久的历史。早期人类用器物与食物为死者陪葬，大概就是供死者来世使用。

我们怎样解释有那么多人相信来世呢？我们是什么时候、怎样形成这样的观念的呢？这同样绕不开童年时期心智解读力产生的影响。

在刚刚上学的几年里，大多数孩子都能理解，死亡意味着身体的所有机能永远终止了，所有生物都要面临死亡，而且不可逆。但他们对来世的理解又是从何时开始的呢？

我的朋友卡尔·约翰逊（Carl Johnson）是匹兹堡大学的一名发展心理学家，他与 3 岁大的女儿伊芙有过一次交流，发生在伊芙的某个小伙伴的母亲去世之后：

> 我跟她解释，如果人死了，身体里的所有部分都会停止运转。我还强调，这种情况下身体就损坏了，也没法复原。最后我还提到，尸体会被埋葬起来。
>
> 过了几个月，我们俩去参观一家艺术博物馆。在一幅耶稣受难图前，看着被钉在十字架上的耶稣，伊芙深感震撼："他怎么了？"
>
> 于是我给她读了一本关于耶稣的儿童书籍，其中有耶稣复活的故事。当我讲到耶稣复活的部分时，女儿问："那他到底是死了还是没死？"
>
> 我所能想到的最好的回答，就是告诉她，耶稣跟别人不一样。后来

她让我再讲一遍这个故事，听到耶稣死去这个情节的时候，她又一次问："他是死了还是没死？"

我又重复了之前的解释：他跟别人不一样。她不太满意地总结道："小孩子听不懂这个故事呢。"

几天后，伊芙把她最喜欢的一本书《神奇的身体》(*The Body Book*)拿了出来。在这本书的结尾，有一个埋葬尸体的场景。

她把这本书读得滚瓜烂熟，一页一页地讲给我听。书中有一张图，画的是在尸体被埋葬后，墓地上面长出了一朵小花，女儿得意地解释："埋下的是尸体，长出来的却是花朵。"[10]

问题解决了：这就是幼儿园里的孩子看待来世的方式。但随着孩子长大，又会发生什么呢？

保罗·哈里斯和玛尔塔·吉门尼斯(Marta Giménez)向西班牙的学龄前儿童询问了与心智和永生有关的问题。这些同时接受了宗教教育与世俗教育的孩子，会被要求评价神和朋友在一些事情上的能力水平。当被问及生命时，孩子们会说神比朋友更不容易死。

那么，孩子又是如何理解，神所具有的永生能力与普通人所谓的来世之间有什么不同的呢？于是，哈里斯和吉门尼斯继续调研了7岁与11岁的孩子，问他们祖父母去世后会发生什么。[11]在这个研究中，不同的孩子会听到不同的故事：一个是医学故事，另一个则是宗教故事。

在医学故事中，祖母生病了会去医院，然后接受手术。她进入手术室一段时间后，医生通知家人，老人去世了。听过这个故事后，大约10%的7岁孩子认为，死者的身体机能还能运转。而11岁的孩子中，60%的人认为死者仍会有一些心理上的活动延续，比如思念她的孙子孙女。

而在宗教故事中，祖母生病后会要求见牧师。随后，牧师进房间坐下来陪着她。过了一段时间，牧师告诉家人，老人去世了。听过这个宗教故事后，50%的 7 岁孩子和 85% 的 11 岁孩子表示，老人的某些心理功能在死后仍能延续。这些孩子的表现有着非常明确的发展趋势。大一些的孩子更认可来世的存在，也更相信心理功能比身体功能延续得更久：祖母也许不再能呼吸与进食，但她还是会想念自己的孙辈，并希望他们一切都好。即使较小的孩子表示死者的某些功能可以延续，也会说是心理功能上的。

孩子对超凡存在的概念的认知，难免会陷入局限，囿于日常生活之中接触的事物。在这个基础之上，孩子会进一步添加各种奇特属性，形成希腊神话中的阿喀琉斯或亚马孙人那样的形象，或者是我们当下社会中的超级英雄，如超人、神奇女侠和钢铁侠。而后，他们对抽象概念的理解还会增多，包括神、全知及来世。

## 心智是隐形的吗

在孩子更好地理解超凡存在的过程中，一个令人惊讶且非常重要的关键点是，他们开始区分大脑与心智。

一开始，孩子会认为大脑与心智是一回事，都是"思考发生的地方"。卡尔·约翰逊和我都想知道，他们是从什么时候开始区分这二者的。[12] 我们询问了从学龄前阶段到九年级的孩子们一些问题："如果没有心智参与，你能想象出一棵树吗？""如果没有大脑参与，你能想象出一朵花吗？"我们不仅问了像思考和记忆这样的心理活动，也问了像听觉和视觉这样的感觉体验，甚至还问了自主行为如系鞋带和鼓掌，以及非自主行为如呼吸和打喷嚏。

学龄前儿童、一年级的孩子，甚至许多三年级的孩子都会很笃定地说，只有在执行纯粹的心理行为，比如思考和记忆时，人才会用到大脑与心智。他们认为，视觉与心智、大脑都没关系，因为"你只用到了眼睛"；听觉也是一样，"你只用到了耳朵"；甚至打哈欠也是同理，"你只用到了嘴巴"。

五年级至九年级的孩子则知道，不管是打喷嚏、呼吸、打哈欠，还是看东西、读文章、想事情，这些行为都需要大脑的参与。但这些孩子还会说，在不使用心智的情况下，还是可以打喷嚏与打哈欠的，因为单靠大脑就能处理好这些，但如果需要思量想法与感受情绪，那就要用到心智了。此外，心智有时"开启"，有时"关闭"，大脑却时刻在运转着。这些孩子已经能够理解，心智与大脑有着不同的运作模式。

## 大脑与心智的区别

正如之前所说，我和约翰逊研究发现，学龄前儿童和一年级孩子认为心智是隐形的，不仅如此，他们认为大脑也是隐形的。因为对他们来说，大脑等同于心智。所有认为心智看不见又摸不着的一年级孩子，都同时相信大脑也处于看不见摸不着的状态。在我们的研究中，孩子到了三年级，最多到五年级，就会认为存在实体的大脑与不存在实体的心智之间是有区别的。到九年级时，90% 的孩子会认为大脑与心智不同。大脑是能够通过开颅手术或者 X 射线扫描看到的，而且也能摸得到，心智却不行。

理解了心智与大脑的不同，孩子才可以进一步理解"来世"的概念。大脑与身体可以死亡，但既然心智不同于这二者，那它的功能就有可能在人死后延续。

于是孩子也就能理解神可以没有身体，却有强大的精神力量。他们甚至开始思考灵魂。

## 精神能够超越死亡吗

生而为人，我们的哪一面最有可能超越死亡？成年人最常给出的答案，便是人的精神。相比于身体，人们更倾向于认为心智能够在死后得以延续。但相比于心智，人们又认为精神更有可能存续。

丽贝卡·里克特（Rebekah Richert）和哈里斯给小学生们做了调查：在呼吸这样的身体功能、视觉这样的感觉功能、记忆这样的心理功能，和精神功能，哪种最有可能在死亡后依然存续？[13] 在孩子们给出的回答里，精神超过了思想与记忆，并且远超呼吸、视觉和听觉这类机能。

在一个相关实验中，研究人员向 5 ～ 12 岁的孩子展示了一个婴儿接受洗礼的场景，并问他们洗礼会让受洗者产生怎样的变化。即使是最小的孩子也会说，洗礼能够导致一种看不见摸不着的改变。在所有的年龄组中，孩子们都会说洗礼对精神的改变是最大的，对心智的改变其次，而对大脑几乎没有任何影响。

**大脑、身体、极限、力量、心智、精神，孩子对这些概念的深入理解使得他们能够更深入地探索信仰领域，也使他们能更好地欣赏超级英雄、被施下魔法的公主，以及其他各种将心智与特殊身体融合后的产物。**

## 身体、心智与身份认同

想想这样的大脑移植：某两个人有着完全一样的身体与外貌，肠胃、眼珠、头发和耳朵都一样，但大脑与思想却不同。成年人能够理解，这两人并非同一个人，孩子却未必这么想。只有当他们能够区分心智与大脑时，才能理解个体的身份认同。

约翰逊给一群从幼儿园到四年级的孩子看了一张画，画中有一只待在猪圈里的小猪加比。随后，约翰逊告诉孩子们加比的种种喜好：喜欢睡在泥巴里而不是床上；它的朋友是小猪，而不是别的小孩；它的记忆是一只小猪的记忆，而不是小孩的。这之后，孩子们被告知："现在，我们要假装把你的大脑换给加比。"

"这会怎么样呢？带着你的大脑，加比喜欢睡在泥巴里，还是床上？""带着你的大脑，加比会有小猪的记忆，还是小孩的记忆？""假如我们邀请加比到家里来，怎么招呼才有用呢？是说'过来，加比'，还是'过来，小朋友'？"

直到孩子七八岁，差不多上二年级的时候，他们才能明白互换大脑能对一个人的思维和身份产生怎样的影响。差不多有 90% 的一年级孩子会说，把加比的大脑换成人的大脑后，加比会想睡在床上。到了四年级，这个比例会超过 90%。同样，大一些的孩子会说，换了脑子的小猪就没有了猪的记忆，因为"他现在有的是我的记忆"。[14]

即使年幼的孩子说思考和记忆的时候得用大脑，但实际上，他们并不认为大脑还存储着个人的记忆、思想、偏好与身份认同。他们无法意识到，如果给某人换一个不同的大脑，"他"就不再是"他"了。对我们研究中的这些孩子来说，直到七八岁的时候，他们才会意识到大脑是心智与思想的栖身之所，所以对个人存在与身份认同至关重要。

## 超越平凡

童年时期对日常平凡事物的思考，其实在引领着我们最终走向一条理解神、心智、精神与来世的道路。这是一段回环往复的漫长旅途。

婴儿的理解力，可以帮他们领会现实的世界。这个世界里，人们各有所好，也能够有意识地对有形实体各取所需。等到了学龄前阶段，他们的理解力被发展成心智理论，用以理解人们会为了得到想要的东西有所行动。心智理论又是小学生理解力的基础，帮他们去思考超能力与种种非凡存在，比如神、神奇女侠，以及人死后的世界，并进一步构建出全知全能、不朽、精神等概念。

这些高层次的思考还可以引发更深刻、更复杂的哲学与神学问题：心智与身体间、精神与物质间、思想与现实间、观念与信仰间，都有着怎样的关联？是物质催生了心智吗，抑或物质仅仅是心智的某种映射？我们的终极现实，究竟是物质的，还是精神的？

虽然这个层面上的思考与推理包含着数不胜数的非凡想法，但这些想法都扎根于我们的童年，那些对心智、大脑、人与身体等日常事务的思考之中。

# 09

## 全世界的
## 孩子都一样吗

READING MINDS

当一个脸上涂着白色颜料、戴着精致的动物头饰，甚至还穿着一条枯树叶编成的裙子的男人从我们身旁路过时，身处不同文化环境的人会给他贴上不同的身份标签：也许是巫师，也许是恶魔，也许是疯子，也许是捣蛋鬼。

对于成年人来说，身在不同的文化之中，自然产生了截然不同的社交文化与社交思维。在某个群体中很正常的事物，完全可能被另一个群体视为怪异；在某个群体中最出彩、最核心的思想，完全可能无法引起另一个群体的丝毫兴趣，更不会受到重视。一个群体会形成对其他群体及其行为的系统性理解，人类学家称为文化上的民族心理。毋庸置疑，在人类学上，不同的群体在民俗心理上存在着差异，任何一个有过旅居他乡经历的人都会认同这一点。

但如果我们把成年人间巨大的差异与童年时期的情

况相比较，事实就更有趣了。正如前文所说，**全世界的孩子在生命中的某一个阶段，其实都对社交有着类似的理论**。在非洲某国、中国、美国和其他国家几十种文化中所进行的研究，都能证明这一点。

人们在童年时期相似的社交理论系统，如何在成年后发展出巨大差异？而且，人与人之间的分歧究竟能大到什么地步？

## 贝宁人的心智理论

自 20 世纪 70 年代末以来，康奈尔大学的人类心理学家简·法扬斯（Jane Fajans）一直在研究一个生活在新几内亚岛内陆的传统部落——贝宁人。[1] 她宣称，传统的贝宁人在看待他人时，根本不涉及任何心理状态。

贝宁人所表现出来的最具挑战性，也最有趣的一个特征，便是他们似乎不具有民族心理。与民族心理相关的有：情绪、情感，人和自我的概念，对异常行为的理论及解释，知觉、人格相关概念。贝宁人对所有这些都毫无兴趣。

民族心理学是人类学的一个专业分支，主要研究的是传统民族的思想与行为实践，关注人们如何理解他人的思考与行为，以及人们在社交中的心理状态。

据法扬斯说，在思考自身与他人的交往时，比起考虑内在的心理状态，贝宁人更愿意关注人们的真实行为及社会角色。在他们的交往之中，欲望、意图、思想、知识和情感几乎没有什么作用。

一般情况下，成年的贝宁人整天都在嚼槟榔。他们认为槟榔可以驱虫，还能洁净口腔、净化身体。实验证明，槟榔有轻微的刺激性，能提升咀嚼者的警觉度和幸福感。与现代人迷恋星巴克相比，嚼槟榔和喝咖啡也没什么不一样。

法扬斯访谈了一位名叫皮楠的女性，她不嚼槟榔，也不会在槟榔断供的时候去喝树上的汁液，尽管那些汁液一定程度上能替代槟榔。法扬斯问皮楠为什么不嚼槟榔，她讲了自己的亲身经历：

> 在我年轻的时候，有一次和其他几个女人一起去灌木丛。我们碰到了一棵树，这棵树流出的汁液能起到跟槟榔一样的效果。我们就像嚼槟榔一样，用树液拌着石灰开始嚼。我们嚼啊嚼，嚼啊嚼。然后我吐啊吐，吐啊吐。我说，我再也不嚼槟榔了。我留下了一大包树液在那儿，很多女人跑回去，为了争这包东西大打出手。

在西方社会，这类用"为什么"提出的问题通常会引出一个心智理论层面的解释，但皮楠并没有给出这样的答案。我们没有听到她表达"我觉得不好"，"我真后悔嚼了那玩意儿"，或者"我讨厌槟榔"。相反，她仅仅是描述了自己的一系列具体行为：她嚼了树液，她吐了，她说自己不会再嚼了。

法扬斯又问了皮楠为什么不跟其他贝宁人一样抽烟叶，皮楠又讲了一个故事，依然与她的心理状态无关。法扬斯写道：

> 在皮楠给我讲故事的房子里，还住着她的三代子孙。他们所有人都很清楚，她既不抽烟，也不嚼槟榔，在我给她递烟递槟榔的时候，他们都说她既不会抽，也不会嚼。然而，整个房子里没有一个人曾经听过这些故事。人们笑着听这些故事，也很喜欢听，但这种情境从来不曾自发地出现过，即使所有人都知道她说的是哪棵树，甚至见过曾经为了让树液流出来而在树皮上留下的切口。

皮楠的家人都知道她不嚼槟榔，也不抽烟，但从来没有人问过"为什么"，西方人从两岁开始就不断地问的这个问题，他们没有丝毫兴趣。

千里之外的贝宁人似乎有着与我们截然不同的心智理论，但就算近在咫尺，心智理论也可能大不相同。贝宁人的表现其实恰恰证实了民族心理学的存在，他们的观点与我之前所描述的心智理论并不一样。[2] 然而即使面对如此大的差异，我仍然坚信我所说的心智理论，普遍存在于日常生活中。

## 一方水土养一方人，多方水土也养一方人

怀特海[①] 曾说：

> 从逻辑上讲，矛盾往往预示着失败，但在真正知识的进化演变过程中，矛盾所预示的，却是迈向胜利的步伐。[3]

心智理论普遍存在，可民族心理之间却有着巨大的差异，这两个相互矛盾的说法怎么能同时正确呢？答案就在于"发展"。

### 教学与时间

发展中的一个关键方面是教学和指导的变革。如果教学与指导是从儿童时期开始的，并且融入了儿童越来越丰富的生活中，就可以达成更多、更彻底的改变。我们知道，家庭、文化社区的社会化情况会影响孩子的心智理论。前文中我

---

① 阿尔弗雷·德诺思·怀特海（Alfred North Whitehead），英国数学家、哲学家、教育理论家。——编者注

们曾提及，中国儿童与美国儿童在心智解读力发展的 5 个阶段中，顺序是不一样的，对全知与超级英雄的认知也是一步一步完成的。

不仅个体终其一生都在发展心智理论，社区与文化群体也在一代又一代的更替中修正、完善着对事物的理解。民族心理学为何能够变得具有普遍性，"随着时间推移而产生变化"是一个关键的因素，它同时也能说明不同的民族与社区之间，为什么会有如此大的差异。

还有一个重要的因素，就是群体如何在基础领域与其他层面上把握心智理论。最基础的"思考—需求"结构构成了心智的框架理论，其上不断增加的细节，使得最终的心智理论呈现。"思考—需求"框架使我们能够理解在第 2 章中讨论的朗格利亚的行为：她是为了得到自己想要的东西。除此之外，朗格利亚还在这个框架中增加了一些具体的细节。她创建基金会是因为"我就是拉美裔，我所在的社群正需要帮助"。她想做些什么，而且还想"专注于教育领域"，于是她的基金会就用来"帮助拉美裔妇女通过接受教育来改善生活"。她为自己基金会的成功感到十分高兴和自豪。我们之所以能够理解，是因为我们掌握了基本的"思考—需求"框架，同时将更多的细节填充进框架中。

框架就像骨架，细节则是骨头上的肉，它们共同存在、彼此牵连。唯有如此，才能随着时间逐渐地发展与变化，就像孩子慢慢长大，骨骼与肌肉也会改变一样。

**橡皮筋式发展**

那么，心智理论为何同时兼具普遍性与差异性呢？简单而言，普遍适用的开端与发展进程，也能允许和推动截然不同的信念体系的发展，关键在于过程中发生了什么。

全世界的人，尤其是孩子，都在使用同一种框架的心智理论。在两三岁时，来自美国、英国、印度、秘鲁、中国、日本、伊朗和密克罗尼西亚等国家和地区的孩子都明白，人会有感受、认知、需求和思想。这是从婴儿阶段的偏好性发展而来的，比如他们对面孔、社交行为和听到别人的观点都更有偏好。

而孩子从这些"骨架"上长出来的"肉"，就更符合他们自己的文化了：我们这群人会怎么想呢？例如："牛是不是像人一样也用'思考—需求'指导行为？"印度的孩子就会这么想。"我该拥有与众不同的观念，还是学习普遍共识的知识？"美国孩子会选择前者，而中国孩子会选择后者。人们需要培养与表现出来的情绪里，哪些是好的，那些是坏的，哪些又是"恰当"的？在西方强调个人主义的社会中，活跃、热情与兴奋是恰当的，但在东方的很多强调集体主义的社会中，冷静、恬淡与和谐才更可取。[4] 神是威严的，还是博爱的？也是同理。

"骨架"成为细节学习的框架，而社群不同，细节也就不同，整个系统都处于动态之中。在人体解剖学中，骨骼会塑造肌肉，肌肉也会反过来塑造骨骼。坚持游泳能塑造身体，肩膀会变得更宽，这是肩部骨骼和肌肉在进行相互作用。

在心智理论框架的发展过程中，随着细节的增多，"骨架"也在发展，并构建出下一步的发展。框架系统允许我们去学习更多的细节，但因为它同时给发展设下了限制，所以也会约束我们对细节的掌握。这就是一个在发展中学习的橡皮筋模型。[1]

--------

① 我是在斯坦福大学和人类学家塔尼娅·鲁尔曼（Tanya Lurhmann）的一次谈话中，第一次听到这个比喻的。在我看来，这句话很好地阐述了我们的理解力既有相当的弹性又有极限，也让我理解了如何将某些基本的理解与其他的理解结合到一起。

**即便童年时期有很多年都在学习，但不是任何东西都可以学，因为孩子的心智只能延伸到某个特定的水平。**

这时历史经验就能发挥作用了，它可以帮助达成跨时代、跨群体的发展。几个世纪以来，群体与社会一步步在发展：迁徙手段上，从徒步、骑马发展到火车、汽车、飞机、航天飞机；数学上，人们一开始掰着指头数数，后来有了手工制作的算盘，现在甚至有了计算机，其中差距，不可谓不远。政治信念也在更替，从之前的王权神授，发展到重视"自由、平等、博爱"，再到共产主义。

随历史发展而逐渐发生的文化变革可能非常广泛，甚至出人意料，但它们也都有着"橡皮筋"的限制。任何文化都能伸展、扩充和扭曲，从基础开始，去缔造各种与心智相关的新理念。或者，也可以不再关注心智，更多地聚焦在行为与言语上，就像贝宁人一样。不同的群体之间，很可能会产生非常不同的群体心理。但是，**民族心理并不能无限延伸，它们有个绕不过去的坎儿，那就是群体里的孩子能学到的东西**。如果橡皮筋被某个想法拽得太远，它就会断掉；当孩子无法掌握某种太离奇的观点，传播的链条就会失灵。[1]

## 矛盾与进步

心智理论具有普遍性，而一个地方和另一个地方的民族心理却截然不同，这似乎很矛盾。但正如怀特海所断言的，接受这个矛盾，就意味着迈向了胜利。

---

[1] 事实上，要找到一个完全脱离自然发展的、可理解的民族心理学案例是不可能的。历史的记录向我们展示了那些跨越了时代后，一代代人仍然坚持着的思想。它会抹去一些人曾经有过，但其他人却无法掌握的奇怪理念。

正如我们在童年期的心智理论中看到的，普遍的社会认知是存在的。当然，没有任何一个文化群体中的孩子表现出了普遍却没有文化因素的心智理论，因为所有的孩子从一出生就开始通过文化去学习了。**我们可以在全世界的孩子最早期的生命阶段中，看到他们学习与发展的情况，综合起来看，他们共同阐明了普遍存在的框架。**

我们可以进一步猜想，在全世界范围内，成年人之间对人这一概念的认识与孩子之间相比，相似性更少。几个世纪以来，各种文化分别对个体、自我与社会形成了独到的理解。每个社会都会用几年时间来拓展孩子的普遍性框架，并传授他们独特的观念。于是，全世界的不同成年人间有了非常不一样的民族心理状态。但同时，他们所有人依然限制在儿时最早的那同一个框架的影响之中。

# READING MINDS

第 三 部 分

## 心智理论的
## 现在与未来

# 10

## 黑猩猩和狗
## 能解读心智吗

R E A D I N G　　M I N D S

　　也许简·古道尔（Jane Goodall）的纪录片中给人印象最深的一幕是，她在非洲丛林的蛮荒野外席地而坐，观察着黑猩猩们的一举一动。这些纪录片中最有名的一部是由英国广播公司（BBC）出品的《简·古道尔的野生黑猩猩》（*Jane Goodall's Wild Chimpanzees*）。在这部纪录片完成时，古道尔已经在坦桑尼亚的贡贝国家公园对黑猩猩进行了长达 40 年的研究。截至 2018 年，她已经从事这项研究超过 55 年，这也是对黑猩猩行为进行的持续时间最长的研究。[1]

　　古道尔打破了原有的人类学传统，她给自己的黑猩猩们取了名字，而非用编号标注。她还会用名字去描述黑猩猩们的个性特点，比如灰胡子大卫，芙洛，芙洛的幼崽菲菲、菲根和弗罗多。弗罗多总爱欺负别的黑猩猩，是个不折不扣的"暴徒"。古道尔却说："别看弗罗多下手挺狠，其实他也有温柔与绅士的一面。"吉吉是一只没有幼崽的雌性成年黑猩猩，她"特别喜欢给许多小黑猩猩当阿姨"。灰胡子大卫是第一只对古道尔示好的黑猩猩，它接受了她作为自己部族中的一员，跟她成为朋友，他们之间培养出了真正的社交关系。

古道尔断言："思考的能力、独特的个性，以及快乐、悲伤的情绪并非人类特有。"古道尔的黑猩猩能做的远远不止吃东西和捋毛发，这似乎让她的断言显得可信。一只雌性黑猩猩会抱着自己的幼崽陪它玩，给它挠痒痒；雄性黑猩猩会亲吻幼崽；雌性黑猩猩甚至还会保护其他黑猩猩的幼崽。"我在贡贝见到了太多东西，比如'政治阴谋'、残暴的虐杀、无情的战争，但也看到了爱、同情，甚至幽默感。"古道尔说，这些以及其他的"人类"行为，黑猩猩们都有。

## 这些动物究竟有多像人

黑猩猩是与人类最相似的动物，它们与人类有着超过 95% 的相同 DNA。研究它们的科学家被称为灵长类动物学家，通过他们的研究，我们可以了解人类的灵长类祖先是什么样子，进而明白进化中的哪些因素，让我们脱离了之前的物种，成为人类。**动物研究恰恰是发现人类独特之处的一种重要途径。**究竟是什么，把我们同动物王国中的其他物种区分开来？是因为我们会用工具，还是因为我们用两条腿直立行走，还是另有一个标准，能够划分这种界限？

19世纪90年代末，身处非洲的欧洲探险家们第一次描述了黑猩猩和大猩猩。他们将这两种灵长类动物描述成了野蛮、可怕又难以辨认的野兽。尽管它们看起来有点儿像人类，但那时我们认为它们与人类相比差得太远，但古道尔的发现表明，人类与黑猩猩在智力、情感、社会关系甚至政治文化传统方面的相似度更甚过基因。

古道尔对黑猩猩的描述提供了一种对灵长类动物社会认知的有力视角：黑猩猩的确是人类的表亲，而且它们对社会的认知也与人类非常接近。早期黑猩猩语言学习研究也支持了这一观点。[2] 在 20 世纪 70 年代，一只名叫沃述的雌性黑猩猩，可以用美国手语中的近 300 个手势与它的主人比阿特丽克斯·加德纳（Beatrix Gardner）和艾伦·加德纳（Allen Gardner）流利地谈论人、事和它自己。加德纳一家将沃述当作自己的家庭成员一般对待。[①]

但这只是这场拉锯式的、越发复杂的科学辩论中的一面。不同于这些支持灵长类动物的社会认知力与人类近似的正面观点，还有截然不同的负面观点。

## 正面还是负面

### 负面的观点

在 20 世纪 80 年代到 90 年代，实验室中的测试开始显示，黑猩猩对社会的理解也许并没有那么丰富与深刻。首先，人们发现黑猩猩的语言水平十分有限，并不像预料中的那么接近于人类。来自路易斯安那州灵长类动物[②]实验室的丹尼尔·波维内利（Danniel Povinelli）和德国灵长类动物实验室的迈克尔·托马塞洛（Michael Tomasello）为此提供了更多证据。他们的研究表明，黑猩猩对行为背后有着怎样的心理原因几乎一无所知，也就是说，它们并不清楚人类行为背后的感知、意图与信念。他们研究中的一项，测试了黑猩猩对他人所见事物的理解，

---

① 等沃述进入了青春期，逐渐拥有了成年后的牙齿、体格和力量后，它被从人类家庭中转移到了一个研究站。

② 从这里开始，我在使用"灵长类动物"这个词时，其所指不再包含人类。毕竟，说"非人类灵长类动物和人类"太过冗长，而人类其实也是灵长类动物的一种。

非常有说服力。

我去路易斯安那州的新伊比利亚造访波维内利的灵长类动物认知实验室时，看到了第一手资料。在不高于海平面的平坦土地上，有数千只猴子和几百只黑猩猩被安置在一个旧空军基地里。其中绝大多数动物都是用于生物医学研究的，但波维内利的实验室却致力于黑猩猩行为研究，并将其看作一窥它们心智的路径。

波维内利的研究从黑猩猩的自然乞求行为开始。[3] 在实验中，黑猩猩会被训练去向一名训练师做出乞求动作。训练师跟黑猩猩同处一个实验室，但他们中间隔着一堵有机玻璃墙。墙上有几个洞，黑猩猩会把手穿过洞，在训练员面前做出乞求手势。只要他们做对了手势，训练员就会表扬并给它们一小块食物作为奖励。所有的黑猩猩很快就学会了通过正确的洞来向训练师乞求食物。

接着，研究正式开始了。当这些黑猩猩面对两个训练员，其中一个能看见它们，另一个却看不见它们时，它们会怎么做呢？很明显，人类会去找那个能看见他们的训练员，但黑猩猩也会这么做吗？

波维内利和他的同事尝试了几种不同的方案。其中，我看到的是"面对—背对"版本的场景。一个穿着淡绿色外科手术服的训练员面对着黑猩猩坐下，而另一个穿着类似衣服的训练员则背对着坐下。还有用到桶的版本，一个训练员的头上扣着一个桶，另一个训练员则把同样的桶举在头旁边。另外还有用到手的版本，一个训练员用手遮住眼睛，另一个训练员则用手捂着耳朵。每一个版本里都有这样一对组合：一个训练员看不到它们，另一个训练员则能看见。

会发生什么呢？在"面对—背对"的场景中，黑猩猩明显更加倾向于向面对着它们的人做出手势。但这却是波维内利选择的所有场景中，黑猩猩有明显倾向的唯一一个场景。在其他的场景中，黑猩猩跟一个头上扣着水桶或双手捂着眼睛的研究员做出乞求手势的概率，都与向能看见它们的研究员做手势的概率差不多。相比之下，两三岁的人类孩子几乎可以准确无误地找到那个能看见他们的训练员。

这意味着什么？为什么这些黑猩猩想要得到食物时，却会向那些看不见它们的训练员做手势呢？波维内利总结说，虽然黑猩猩在许多方面都非常聪明，比如能学会到特定的灌木丛中和树上去找美味的水果，也能在只有一个训练员在对面的情况下，很快学会把手伸过有机玻璃上的洞，去乞求食物，但它们依然不能利用他人的心理状态来解决问题。比如在这个研究中，黑猩猩就不能利用他人的感知能力。这是对黑猩猩拥有与人类类似的社会认知力的有力反证。

为了进一步验证假设，波维内利和他的同事们重新回到了"面对—背对"实验，这是唯一暗示黑猩猩可能会意识或利用训练者感觉的场景。他们又一次让这些黑猩猩接触了两名训练员。这次，两人的身体都没有朝向它们，但其中一位把头扭向了它们的方向。前者看不到黑猩猩，而后者是明显可以看到它们的，但这些黑猩猩对两个训练员做出乞求动作的概率却并没有差异。黑猩猩似乎能够理解对方身体的位置是能否获得食物的重要因素，但却没有意识到对方的视觉其实才更关键。

研究人员还测试了黑猩猩能不能学会利用训练员的感知能力。它们又接受了很多不同场景下的实验，比如扭头看、头上扣着桶、用双手或布蒙住眼，不一而同。不管在哪个场景中，只有对着能看见它们的训练员做出手势，它们才能得到食物，这类似于伯尔赫斯·斯金纳（Burrhus Skinner）箱中被食物强化了行为的老鼠。对其中一些场景，比如用到桶时，黑猩猩最终确实能辨别哪一个训练者会给它们食物，但实验中的学习过程经历了数百次，费力又费时。而人类的孩子在接受类似实验时，第一次就成功了。

在其他的场景中，黑猩猩的表现更是乏善可陈。在某次实验中，黑猩猩看到两个蒙了黑布的训练员：一个蒙在眼睛上，一个蒙在嘴上，眼睛和嘴巴间的对比非常明显。只有向蒙住嘴巴的训练者乞求才能成功，即便见过很多次，黑猩猩对两个训练员做出手势的概率依然相同。更进一步的研究则表明，只要训练员的脸被覆盖的面积一致，黑猩猩就会随机选择乞求的对象。对它们来说，对方能不能看见它们，根本不重要。

在 20 世纪 90 年代，波维内利和独立研究的托马塞洛[4]都证实了，**黑猩猩在几件关键事务上的学习能力的确很强：如果实验涉及的是黑猩猩自己世界的实体结构与社会结构，它们就能学得很快**。它们能迅速知道哪些黑猩猩拥有更多的食物与伴侣，也能权衡应该选择谁做自己的盟友。因为雌性黑猩猩在性成熟后会迁徙到其他的群落，所以雄性黑猩猩知道，兄弟要比姐妹更适合当自己的长期盟友。他们还会自我保护。其他群落的雄性黑猩猩可能来杀掉附近的其他黑猩猩，所以本群落学会了在自己领地的边界设置哨兵。但研究人员断言，与我们人类的学习相比，黑猩猩的学习有着很大的局限性。黑猩猩对能驱动个体行为、注意力和情感表达的因素知之甚少，甚至全然不明。这似乎是人类和其他灵长类动物之间的某种巨大差异。

**逐渐转向正面**

10 年一晃而过，我要去德国莱比锡动物园拜访托马塞洛，他的灵长类动物认知实验室也在那儿。为什么？因为从 20 世纪 90 年代以来，研究逐渐将我们引向了更正面的视角：黑猩猩甚至比我们之前想象的更接近人类。在托马塞洛和同事们的不懈努力之下，黑猩猩的相关研究发生了重大变化。[5]

从表面上看，托马塞洛对实验的设置与取向跟波维内利的非常相似。动物训练员主要由穿着浅色手术服的女性组成，黑猩猩在笼子一样的研究室里进进出出，还会在里面见到几个精心设计过的场景。但在这些实验中，黑猩猩要与同类竞争，而不是与人类互动，这就导致了截然不同的结果。

黑猩猩的群体等级分明，雄性和雌性间，雄性和雄性间，雌性和雌性间都有着明显的进食次序。在托马塞洛的研究中，一只处于支配地位、另一只处于从属地位的两只黑猩猩，分别被一扇门隔离在相对的两个房间中。食物被放在了中间的房间，黑猩猩可以弄破各自的房门去看屋子里有什么，但是它们还是出不去，也拿不到食物。房间里放置了长方形的小木板，这样一来，不同的黑猩猩既有可能看到食物，也有可能看不到。

在自然界中，当一只处于支配地位的黑猩猩和一只处于从属地位的黑猩猩争夺食物时，后者知道自己会输，所以会先让前者吃。但在这种情况下，竞争变得可控起来。在有的实验中，两只黑猩猩都能看见食物，而在另一些实验中，支配地位的黑猩猩看不见食物，但从属地位的黑猩猩是看得见的。

托马塞洛想知道，处于从属地位的黑猩猩能否理解处于支配地位的黑猩猩有着怎样的感知，去吃那些后者看不到的食物。事实上，当从属黑猩猩看到两份食物，而且知道支配黑猩猩只能看到一份食物时，就会有规律地去拿那份支配黑猩猩看不到的食物。

这意味着，黑猩猩可以根据其他个体看到的东西来调整自己行为。那么，它们能否识别出另一只黑猩猩的感知信息和注意对象呢？

亲眼看到黑猩猩的这些行为说服了我，而且研究也的确支持了这种更正面的观点。在莱比锡动物园的实验中，从属黑猩猩能够在第一次实验场景下就判断出支配黑猩猩能不能看见食物，在其他的很多不同的场景中，也依然能做到。例如，托马塞洛和他的团队想知道，如果一只支配黑猩猩看到了隐藏的食物，是否会做些手脚，把它标记成"仅供支配黑猩猩食用"呢？若是这样的话，黑猩猩的行为就是基于某种食物上的避讳，而不是基于对支配黑猩猩视觉信息的理解了。但在这个任务的另一个实验版本中，一只支配黑猩猩看到了隐藏的食物，但随后场景中换进来另一只从未见过食物的，同样处于支配地位的黑猩猩。这样的情况下，从属黑猩猩迅速地拿走了食物。所以它们关注的还是支配者的视觉信息，而不是基于食物方面的某种避讳。

这些研究证明，黑猩猩可以理解"看到"与"知道"之间的联系。只有支配黑猩猩看到了，它才能知道。

## 黑猩猩理解能力的上限

在竞争中，黑猩猩能够理解另一只黑猩猩可能看到、知道什么，后来的研究还证明了，它们也能够理解人类的这一规律。同时，它们也能理解一些刻意的行为，比如研究者是否打算给它们一颗葡萄。但黑猩猩还是不能理解另一只黑猩猩的需求或错误信念，就算在竞争的状况下，也不行。而且，它们也从未尝试或教导过。

**教导是一种需要理解心智理论的行为活动，就算是两岁的孩子也会试着去教教别人，而且往往能成功。**

但是，不管是小黑猩猩，还是成年黑猩猩，都从未有过教导行为，黑猩猩妈妈甚至不会专门教自己的孩子一些重要的技能来获取食物。

黑猩猩的理解能力也远远不如人类儿童，后者的行为似乎来自一种截然不同的、专属于人的动力系统。

## 黑猩猩的理解力

关于黑猩猩如何理解自我与其他个体，托马塞洛和他的同事们还提供了一些其他信息。例如，在竞争食物的研究中，黑猩猩是在非自我中心地去跟踪其他个体。它们展示出了对"我看见了，你没看见"，以及"我看见食物藏起来了，你没看见"的理解。人类从差不多一岁开始也会这样做，科学家会说，这是在使用人类的视觉信息或认知视角，人类的灵长类表亲也类似。但"食物争夺赛"也引出了更多的问题：灵长类动物对像"意图"这样的心理状态能有多少了解？它们的理解能力包含这一部分吗？

一些实验涉及黑猩猩如何与不想交流或无法交流的个体互动，结果表明，灵长类动物能够理解两者间一些微妙又有启发性的区别。

在灵长类动物版本的"不愿还是不能"实验中，约瑟普·柯（Josep Call）和托马塞洛在莱比锡动物园设计了这样的流程：一个训练员通过笼子边的栅栏递了一些食物给黑猩猩们。对有的黑猩猩，训练员试着给它们一颗葡萄，但是够不到。训练员一而再再而三地尝试，每次都笨拙地把葡萄掉到自己这边，而不是黑猩猩那边。对另一些黑猩猩，训练员先递给它们一颗葡萄，却又把手收了回来。从人类的角度来看，训练员是不愿意给出这颗葡萄的。如果训练员是不愿意给黑猩猩食物，而非不能给，黑猩猩就会更多地做出乞求的动作，而且更早离开测试用的笼子。在"不能"的情况下，它们则表现出了更多的耐心与宽容。即便两者在行为与结果上很相似，都是训练员拿着东西却递不出去，黑猩猩也同样吃不到葡萄，但它们的反应却大不一样。

即便研究者的行为看起来相似，黑猩猩与人类的孩子都能意识到对方在意图上的差异，并据此做出行为上的改变。

## 人类与猩猩：分享、帮助和获得

### 分享与合作

黑猩猩之间很少分享食物。不管是在实验室环境下还是在野外，黑猩猩都不会为其他黑猩猩指明食物来源，也不会轻易把食物分享给乞食者。黑猩猩妈妈偶尔会跟孩子分享食物，但跟人类妈妈与孩子分享各种各样的东西比起来，也十分少见。

在实验室环境中，黑猩猩之间可能会产生合作行为。如果需要同时拉动连接在托盘两端的绳子才能让食物掉下，两只黑猩猩就能合作。可除非食物被预先分配好，否则只要它们得到了食物，合作便会土崩瓦解，占据支配地位的黑猩猩会夺走一切。**这与人类的行为也很不同，即便是很小的孩子也会通过合作去完成任务，哪怕没有提前约定分配方式，他们也会力求平均。**[6]

### 有益的揭秘

持续的合作需要信任一个能带来收益的伙伴，比如"你会和我分享食物"，还需要经常沟通，比如"你做这个，我来做那个"。托马塞洛的研究就是基于这些需求进行的。结果表明，正是"有益"与"合作"这两种因素的混合，让黑猩猩难以完成任务。

进一步的研究表明，波维内利与托马塞洛两人研究之间的核心区别，并不是黑猩猩互动的对象是人还是同类。相反，关键点是黑猩猩需要在一种考虑"是否有益"与"如何合作"的情况下去解读心智。在后来由托马塞洛开创的竞争类实验中，非人类灵长类动物能够表现出对人类的感知信息与知识信息的理解，就如同它们能够理解其他灵长类动物一样。

人类从很小的时候开始，就能用手势、指向以及稍后学会的语言来给他人传递信息。18个月的萨米会指着他最喜欢却够不到的那个娃娃，以便妈妈能够理解他的意图，这就是一种紧急事态下的沟通。萨米还会指着一辆路过的卡车，这样妈妈就知道他注意到了卡车，这又是一种陈述性的交流。

人类沟通中的大部分都是这种陈述性的表达。

**研究显示，孩子在两岁时，有超过 80% 的指向都是陈述性的，就是为了与他人分享一个有趣的事情或场景。**

相比之下，黑猩猩的所有交流指令几乎都是紧急事态下发生的，而且都是为了获益。只要黑猩猩对人类做手势，有 95% 可能性是为了能让人类给它们一些东西，也就是在乞求。

古道尔的纪录片中，黑猩猩会通过呼叫来与同伴分享食物，以前人们认为这是一个特例。某只黑猩猩发现了一丛野生芒果，兴奋地叫了起来，其他黑猩猩就冲过来一起吃。然而，当代研究表明，这些呼叫主要是为了让自己获益。就算整个部族都在芒果树附近，而且无关其他信息，黑猩猩同样会发出叫声。研究人员认为，黑猩猩在进食时需要呼喊同伴，是为了对抗捕食者的侵害，或者仅仅是出于兴奋。这种呼叫并不具备提供信息与表示分享的功能。

**有益的行为**

相比之下，我在密歇根州的一位同事费利克斯·沃内肯（Felix Warneken）的研究，则展现出了年幼的孩子会频繁、轻易地帮助他人。仅仅 14 个月大的孩子就能在以下情况下与成年人互动了。

- 桌子上掉下了一个物品，某个成年人很难够到它。
- 一个成年人怀里抱满了书，并因此打不开某个橱柜的门，卡在了那里。
- 成年人无法从一个封闭的盒子里拿出某件东西，但在孩子的视角里，盒子其实是打开的。

在这 3 种情况下，孩子都对成年人虽有行动但失败了的意图有着清晰的理解，并始终如一地提供了帮助：他们帮忙取回了玩具，帮忙打开了橱柜的门，也帮忙指出盒子上不易发觉的暗门。即使这样做并不会受到表扬，甚至会中断自己的娱乐活动，他们也会非常乐意去帮助成年人。

6 个月大的婴儿可以区分提供帮助的人和阻碍他人的人，这在违反预期实验中已得到了证明。如果一个人在给别人添乱而不是提供帮助，婴儿看他们会看得更久，因为婴儿对这些人本来预期的是提供帮助，没想到他们居然会添乱。稍微大一点的孩子会更积极地奖励提供帮助的人，比如给他们一个拥抱或小礼物，对添乱的人则不会。[7]

一如沃内肯所说："人类从婴儿时期就具有同理心，而且天生乐于助人、慷慨大方、积极主动。"凭借着对他人所知与意图的理解，孩子才表现出了这些值得赞誉的品质。

但是以上所有理解力，在我们的灵长类动物亲属身上有着截然不同的表现。黑猩猩一定程度上可以理解他者的意图、行为与心理状态，在激烈竞争食物的环境中尤其如此。然而黑猩猩们很少互相帮助，它们之间的交流只有在火烧眉毛的时候才出现。而且它们只会尽力索取，而非采用告知、帮助与合作等手段。涉及灵长类动物为了合作与交流而需要解读心智时，人们对它们心智理论的解释也就继续趋于负面。看上去，交流、分享和互助仍然是人类的行为标志，[1]事实真的如此吗？

## 狗的心智解读力

给学生们讲授心智理论时，经常会有某位养狗的学生说："我养的狗也能解读我的心智。"我曾经对此持怀疑态度，认为这可能是因为主人给狗提供了食物、宠爱它们以及创造了人与狗之间的亲密关系，所以狗才会适应主人发出的种种指令。然而真相非但如此，甚至比我之前猜想的更精彩。

研究表明，狗非常擅长解读人类和其他狗的社交与沟通信号。在多个对照研究中，狗可以很轻易地跟随人的指向甚至视线方向，也能理解很多词与手势的含义，比如"坐下""来这儿""球""旺财"。此外，在观察者睁着眼睛的情况下，狗不会碰被禁止接触的食物，可对方只要闭上眼睛，情况便截然不同。它们还可以分辨观察者的视线是集中在某个物品上，还是集中在那个物品的上方某处。

在第一次接触到社交沟通中的意图时，狗就能准确分辨，而且它们在幼犬时期就已经表现出很多类似的能力了。如同一岁大的人类婴儿，幼犬也能正确地分

---

① 需要指出的是，人类的心智理论能力的提升并非仅与帮助、合作等行为相关。人类也是好斗与自私的动物，与我们的灵长类亲属并无不同。

辨指向、手势和目光，而成年黑猩猩却做不到。不仅如此，幼犬还能够参与交流互动，并且能解读他者发出的信息的意义。比起黑猩猩，狗的社交认知技巧可谓出类拔萃。

但我们仍要明确，狗的社交认知技巧仍然有其局限性。虽然它们可以像一岁的婴儿一样关注他人以及他们的手势，但却无法进一步发展心智理论的相关能力，以达到两岁孩子的水平。尽管如此，它们还是能以其他动物中少有的方式去适应人类，这是为什么呢？

最合乎情理的假设便是，狗进化出了类似人类的社交能力。在漫长的驯化过程中，它们变得不再好斗，不那么争强好胜，也不那么害怕人类。

杜克大学的布赖恩·黑尔（Brian Hare）曾是托马塞洛的学生，他对狗的研究相当出色。他的"社会情绪反应"假设认为，对人类不那么害怕，也不那么有攻击性的野生犬科动物，就是经过世代驯化的狼。[8] 这可能是因为人类一开始容忍了与狼共存，那些不太怕人也不太有攻击性的狼具有了适应性上的优势。随着时间的推移和接触的增多，这些犬科动物也发展出了更多如同人类的社交能力。犬科动物一般在 1 ～ 2 岁时发育成熟，所以与人类同居 500 年，就意味着经历了200 ～ 300 代的演变。这个时间，将狼驯化为更温顺、与人更亲密的狗，已经足够了。

针对西伯利亚狐狸皮毛养殖场的一项繁殖研究，进一步证实了黑尔的想法。野生狐狸往往好斗，会咬养殖工人，但有时又很惧怕，经常蜷缩在笼子里，不愿进食，长久以往也就长不出健康的皮毛。为了解决这一问题，一家养殖场开展了一项严格的养殖计划。

每一代的狐狸都被分为两组，更不怕人、更不好斗的狐狸被分进一组。经过测试后，这一代狐狸中最不怕人与最不好斗的被人为干预进行交配，其他在对照组中的则随机交配。

　　几代之后，目标群体对人类的攻击性与惧怕感明显变小了。但出乎意料的是，这群狐狸也表现出了一些类似狗的驯化迹象。黑尔测试了它们的跟踪指向与视线能力后，发现它们的水平与同龄的幼犬一样。对照组的狐狸在这些测试中却表现不佳，不过，它们在解决非社交问题的其他测试中表现得和驯化后的狐狸一样好。

　　与对照组的狐狸不同，不怕人、不好斗的实验组狐狸还喜欢被人抱着与爱抚，而且还能跟人一起住在家里。还有一点引起了研究者注意，它们长出了松软的耳朵和哈巴狗一样的鼻子，还会摇尾巴，而这一切都不曾发生在野生狐狸身上。

　　也许在 3.5 万～2 万年前，狗就已经被驯化了。这使得狗拥有温和、亲近人类的性情，并让它们能够更好地利用人才有的资源。同时还促进了狗的沟通、合作及社会认知机能，而这些特质又让它们与人类更加亲近。在驯化的过程中，狗也变得非常有用：能把食物带回给人类，而不是自己吃掉；会帮忙放牧；能成为服务犬。[9] 所有这些改变都具有适应性的价值，让狗能够亲近人类、得到保护，并分享人类的资源。

　　人类的灵长类祖先驯化自己的过程，是否也与之类似？这能解释为什么人类从早期灵长类动物的争强好胜又以自我为中心，逐渐变得乐于助人、强调沟通吗？筛去好斗、怕人的，刻意让狗与狐狸变得能与我们合作共存。它还进一步引发了心智理论能力的提升，让有益的交流互动成为可能。或许在人身上发生的也是一样，性情和社交技能上的变化，可以给原始人带来合作生活的优势：分享食物、共同利用新发现与新发明，以及因群居而来的安全性提升。

## 喜怒无常的人类

那么，人类究竟是不是一种"驯化过的黑猩猩"呢？除了直立行走与使用工具，人类是否还改变了那种灵长类动物原有的好斗性情？在社交上，从高度的竞争化转移到高度的合作化，这是否对人类的进化与生存产生了至关重要的影响呢？

当然，我们并不能知道究竟是什么激发了人类的进化。但因理解了狗的认知，我和同事深受启发，意识到人类身上也有一个类似指标可以测试。那些攻击性更小、与人更亲近，而且不排斥别人的"高度驯化"的孩子，比起其他孩子来，会不会发展出更好的社会理解力及社交技能？

早从婴儿期开始，孩子们就表现出了不同的脾性。有的活泼好动，有的内敛安静；有的善于体察人际关系，有的专注事物本身；有的好斗，有的害羞，还有的更倾向于合作。关于学龄前儿童的性情，研究已经很多。

**我们知道，性情会影响孩子的社会交往水平与社会适应性，而这些反过来也能影响一个孩子对心智理论的理解与掌握。**

但是，到底什么样的性情才是最有益的呢？一个有冲劲儿的孩子可能会更多地去参与社会互动，从而获得更多经验，促使他更早地发展出有深度的心智理论。或者是，孩子的冲劲儿可能会干扰他用更复杂的心智理论来理解事物，这样而言，沉默寡言但善于观察的孩子才真正能更好地理解他人与自我。

我们决定一探究竟。[10] 在狗的驯化研究之后，我们假设了"有冲劲儿"会干扰孩子心智解读力的发展，而善于观察且无所畏惧的性情则会增强孩子的心智解读力。

我们评估了近 150 名学龄前儿童。在孩子们 3 岁半的时候，他们的母亲完成了一系列与孩子性情有关的问卷调查。而在 3 岁半与 5 岁半，孩子们分别两次参加心智理论测评，也就是标准的学龄前阶段的错误信念测试。为了控制变量，孩子们同时也接受了智力测验与语言能力测试。

**在控制了其他因素的情况下，孩子 3 岁半时的性情可以很明确地预测其 5 岁半时心智解读力的发展水平：有攻击性的性情预示着未来两年心智解读力发展情况相对较差，但害羞却善于观察的性情则预示着心智解读力发展的情况相对较好。**

值得注意的是，是害羞的同时保持对外界观察的性情，而非害羞、胆怯、回避他人的气质与心智理论的成就有着正相关。这些孩子并不害怕别人，他们对社交很感兴趣，而且观察力很强，比如"喜欢先看着别人玩，然后再加入"或者"跟不太熟悉的人比较慢热"。

人们往往把这两种害羞混为一谈，所以在由乔纳森·莱恩主导的下一步研究中，我们在评估之后把这两种害羞分开进行研究。其中一组孩子不擅长社交，也害怕互动。另一组孩子则在社交中沉默寡言，但是恐惧反应比较低。第二组孩子更喜欢在加入社交活动之前，先保持距离观望一会儿，也不与其他任何人发生冲突。不管是在美国，还是在中国的研究中，这些安静、害羞，但善于观察的孩子都表现出了更高的心智理论水平。

**很明显，过于沉浸在喧嚣的活动与情绪中，孩子对社会的理解力容易被淹没。对他人保持观察但并不畏惧，却能够增强这种能力。**

这些研究，加上对狗和黑猩猩的实验发现表明，令人印象深刻的人类智慧，有着一个社会性的基础。从印刷品、飞机到手机，现实生活中的种种物品愈加精细复杂，是认知让这种变化有了可能。创造这些物品的智慧源于我们试图去理解社交世界。事实上，印刷品、手机、飞机和许多其他物品之所以出现，也是为了让人们更好地理解他人，并与之互动。人类的智慧一开始就具有社会性，直到如今，依然如此。

## 社交智能

我在第 2 章提到过的英国进化心理学家尼古拉斯·汉弗莱说过："每个人都有一定的心智能力，可又没有固定的套路。"

汉弗莱相信，日常的心智是一般智能的基础。人类对社交世界思考能力的增进，也提高了心智能力。

他的"社交智能"假说认为，人类智能之所以出现，是因为原始人生活在一个日益复杂的社交世界之中。在那个社交竞技场中表现最好的人，比如能同时处理好盟友与对手关系的人，也就活了下来。渐渐地，整个物种越发看重这种能力，人类也越来越社会化，他们的社交生活与社交推理随之增加，最终促进了一般智能的进一步发展。

社交智能假说现在也被称为"社交脑"假说。[11] 一些对不同动物大脑皮层尺寸的研究，一定程度上证实了这种假说。大脑皮层是大脑最外层、最靠近头骨的部分。人类的大脑皮层尺寸很大，而早期人类大脑皮层的尺寸比其他灵长类动物大不了多少。例如，南方古猿的大脑大约是现代人大脑的35%，缺少的部分基本都集中在大脑皮层上。比起人类来，南方古猿的大脑更接近黑猩猩的。

科学家将不同物种的大脑皮层的尺寸，与其一般智能进行了比对。皮层的多少与智力、学习能力的高低，有着密切的相关性。但也有例外，有些鸟类，特别是乌鸦和鹦鹉，虽然大脑很小，社交智能却很高。而且，所有哺乳动物都擅长某种特定形式的学习，斯金纳曾指出，老鼠在强化条件下的学习能力就很强。但总的来说，研究结果还是很有力的：大脑皮层越多，智力水平尤其是社交智能水平也就越高。

人类的大脑皮层要比任何其他哺乳动物的都大 ①，根据社交脑假说，这就意味着社交智能的相应提高。而且，即使是小孩子也能够表现出与更大的大脑皮层相关的行为倾向，比如他们的心智理论蓬勃发展。作为人类最亲近的亲戚，黑猩猩却几乎没有心智理论可言，而且皮层尺寸也要比人类的小。[12]

进化人类学家罗宾·邓巴也进一步阐明，社交智能假说不仅和智力有关，很大程度上还与学习有关。生活在复杂而紧密的社会群体中，那些能够理解他人如何帮助或伤害自己的人更具有优势。但优势地位的稳固，也需要持续从不断变换的环境中学习。能保护和帮助幼崽的雌性黑猩猩，必须在青春期就离开群落，去别的地方交配与生活。雄性黑猩猩则稳定地占据着地理上的位置，但它们会随着年龄的增长、统治地位的变化而不断重组联盟和等级。所以邓巴坚持认为："如果生活在一个社交世界中，联盟对个体的生存与繁衍至关重要，个体必须以经验

---

① 至少在将尺寸与体重平衡过后是这样，人类有着最高的脑体质量比。

作为行动的指导，这就需要用到学习了。"

从人类的心智理论中能看出，我们那些尚不能称为人的祖先们在心智上，有着怎样的发展端倪。人类的心智理论得天独厚，广泛得几乎影响到人类所有的认知与社交互动。它还具有发展性，需要在整个生命进程中用到越来越高级的心智解读。同时，它还强调人们要互相帮助、多多沟通。

> 即便是婴儿也会运用他们在社交认知上的洞察力去帮助他人，去交流和学习。正是对社会的理解让人类成为绝无仅有的物种，从动物祖先一路发展至今。

# 11

## 人类如何
## 拥有社交脑

READING    MINDS

2006 年，桑德拉·布拉克斯莉（Sandra Blakeslee）在《纽约时报》（*The New York Times*）的一篇文章《能解读心智的细胞》（*Cells That Read Minds*）[1] 中写道：

> 炎炎夏日，在意大利的某个实验室里，一只猴子坐在一把特殊的椅子上，等着研究人员吃完午饭回来。在它大脑中参与规划与执行动作的区域中，正插着细细的电线。每当猴子抓住和移动了一个物品，脑区内的一些细胞就会活跃起来，监视器也就相应地记录下来并发出声音。
>
> 这时，研究人员手拿冰激凌甜筒走进了实验室。猴子立刻盯着他，随后，神奇的事情发生了：当研究人员把甜筒举到嘴边时，监视器又发出了响声。这时的猴子并没有动，只是观察到了对方举着甜筒，在往嘴边送而已。

这项研究得以正式开展，缘于几颗花生。帕尔马大学的神经科学家贾科莫·里佐拉蒂（Giacomo Rizzolatti）注意到了一件奇怪的事：不管是把花生放到猴子嘴边，还是让猴子看见花生被放到人类或其他猴子嘴边，它大脑里的一些细胞都会处于活跃状态。

意大利的学者随即记录下了这一现象。布拉克斯莉使用的电线非常细，这样才能记录下猴子大脑中单个神经元的活动情况。它们所监测的对象，便是研究人员所谓的"镜像神经元"。这些具有特殊功能的细胞，占据了猴子大脑运动皮层中某个区域的20%。只有当猴子看到直接指向某个目标的身体活动时，这些细胞才会被激活。当猴子看到一颗花生时，它们未被激活；看到有人张嘴时也未被激活；但看到有人捡起一颗花生的时候，就被激活了。而且，猴子的镜像神经元还会记录下它们大脑中的动作，就像它们自己也完成了动作一样。镜像神经元让看着别人做动作的猴子可以自动、立即理解这些行为。在《纽约时报》的文章中，里佐拉蒂博士声称："镜像神经元使我们能通过直接的模拟来掌握他人的心智，而不必使用概念推理的方式。靠的是感觉，而非思考。"

## 细胞能解读心智吗

猴子的大脑可以自动解读心智，"靠的是感觉，而非思考"，这样的说法引起了人们的极大兴趣，甚至进一步成为一种用于理解人类的模型。例如，镜像神经元短暂地为孤独症谱系障碍提供了一个被称为"镜像破碎"的解释模型。但是，想测试人类是否具有镜像神经元并不容易。从伦理上讲，除非出于罕见的临床原因，研究人员不能在人类大脑中插入电线以测量单个细胞。不过，大多数针对人类的研究都会使用非侵入性的方法，比如用功能性磁共振成像（fMRI）和事件相关电位（ERPs）来收集数据。

# 非侵入性的认知神经科学研究方法

**功能性磁共振成像（fMRI）：** 利用头部周围的磁脉冲来检测大脑中血流的变化。血流是神经活动的一个重要指标，因为大脑需要使用氧气来进行强度更高的工作。

就像你在医院所做的核磁共振一样，参与者需要躺在很多磁线圈所构成的巨大磁场中。不同于仅仅检测静态解剖结构的核磁共振，功能性磁共振成像可以检测大脑在工作状态中被激活的动态水平。具体地讲，它检测的是大脑血流里血红蛋白含氧浓度的变化。

这种以神经活动为基础的血流变化被称为血流动力响应函数，会在神经事件发生差不多 5 秒后达到峰值。

血流动力响应函数可以导出血氧饱和水平（BOLD），然后就可以作为神经活动的指标，在不同的任务和个体之间加以比较了。

在磁场深入大脑，并能够检测到非常接近神经活动部位的血流变化的情况下，功能性磁共振成像有差不多 1 ~ 3mm 的空间分辨率。

考虑到神经行为和其导致的血流动力学反应之间的时间差，时间分辨率在 2 ~ 5 秒。所以，时间分辨率上远不如事件相关电位（ERP）精准。

**电生理学技术（ERP/EEG）：** 通过放置在参与者头皮上的电子传感器，来检测微弱电流。这些电流是大脑中的神经元被激活时，在电化学过程中产生的，也被称为电势。这些被记录下来的电信号是深层神经活动的直接结果，被称为脑电图（EEG）数据。

参与者需要戴着一个带有一组传感器的特殊"帽子"，坐在普通的椅子上。根据所需的覆盖密度不同，传感器数量可能为 32 个、64 个、128 个。

如果参与者没有秃顶的情况，传感器通常需要在从头皮上长出头发的部分均匀分布在整个头顶。

常见的电生理学测量方法是测量事件相关电位。事件相关电位可以检测在处理特定事件，例如观察目标图像过程中的神经活动。这种方法可用于测量神经的激活模式，其表现方式也可以是视觉或听觉。

脑电图数据的空间分辨率取决于放置在头部的传感器数量。它在空间分辨率上的数量级是厘米级，而且就算有几个传感器同时检测一个神经数据源的活动，也总有些模糊。通过评估穿过头皮的传感器的活动模式，以及计算血液、骨骼和组织的电导率，可以使用源定位法及统计学方法来预估潜在的神经源的位置，这种方法通常能够更加精确地定位所测量的脑电活动的源头。但无论如何，其空间分辨率要比功能性磁共振成像差很多。

不过相应的，考虑到电位从神经源传递到头皮表面的速度有多快，事件相关电位的方法在时间上的分辨率是毫秒级的。

功能性磁共振成像研究显示，人类的大脑中的确有一些区域，在理解有意图的行为时，会特别活跃。不同于猴子大脑中有一块专门的区域用于镜像反应，人类的大脑中似乎有一个由多个位置组成的网络，用于执行这一功能。要研究人类大脑中的镜像反应，就需要研究涉及许多细胞的整个大脑协调区，而不是专门的单个细胞。

来自以色列希伯来大学的罗伊·穆克梅尔（Roy Mukamel）博士进一步确认了功能性磁共振成像的研究结果。穆克梅尔有过一次难得的机会，去研究人类单个细胞的记录。[2] 加州大学洛杉矶分校医学院收治了 21 名癫痫患者，为了控制他们频发、剧烈与破坏性过强的癫痫症状，治疗者为他们植入了颅内电极。细细的金属丝穿过了他们的头盖骨，放置在目标皮层的细胞中。穆克梅尔的研究证实了之前功能性磁共振成像研究的结论：不管是观察行为还是执行行为，有一些细胞会被立刻激活，这跟猴子身上的情况一样。但是对人类来说，这些细胞在神经系统中分布在几个不同的位置，构成了一个涉及范围非常广的系统。[3]

## 镜像神经元的工作原理

用于阐明镜像现象的，还有行为研究。模仿是一种很常见的人类行为：甲用手拍桌子，乙看见这个动作之后，也会跟着做。在成年人身上，迅速而无意识的模仿行为也经常发生，这暗示着，或许正是镜像神经元使得我们进行模仿。这一系列非常具有说服力的实验之后，研究人员提出了所谓的"自动模仿效应"。

在一项自动模仿效应的研究中，模仿者需要根据示范者手部的动作，来决定拍左手还是拍右手。示范者戴着红手套或蓝手套，模仿者只能看到他们的手。如果示范者戴着蓝手套，拍的是右手，那模仿者也要拍他们自己的右手，这是需要去匹配的行为示范。但如果示范者戴着红手套，拍了右手，那模仿者就需要拍自己的左手了，这是非匹配示范。对于匹配示范来说，要做出正确的反应所需要的时间，要比非匹配的时间短得多。这就是自动模仿效应：模仿是高度自动化的，在非匹配示范的情况下，因为要换手，这让自动化的模仿脱轨了，要么会降低反应速度，要么会导致反应错误。

自动模仿效应指出了观察动作与执行动作之间有着直接的自动映射，这是镜像神经元思维背后的一个关键概念。毫不意外，里佐拉蒂等意大利的科学家已经开始引入自动模仿效应来证实人类也有镜像神经元。

但事实如此吗？重要的是，人类一出生，镜像系统就发挥作用吗？也就是说，镜像细胞是天生就有的吗？或者说，需要大量的学习和发展这些细胞才能发挥作用？比起具体的镜像神经元，它会不会是一个更庞杂的镜像系统呢？我们目前所有的大脑数据都来自成年体，不管是成年的猴子，还是成年的人类。所以说，这两种说法都有可能是真的。

以色列的科学家研究了一群患有严重白内障的儿童，找到了答案。[4]这些孩子大约 12 岁，刚刚从埃塞俄比亚移民到以色列。在以色列为他们提供全面的现代医疗保健之前，他们的白内障一直没有得到正确的手术治疗。他们在患白内障的情况下，眼睛依然可以接收到足够的光线、看到外界亮度上的反差。[①]但是，严重的白内障也导致他们看不清楚东西的形状。如果白内障没有被切除，他们就看不到手拍桌子。

这些孩子在手术后参与了测试，他们自动模仿效应的发生大幅延迟了。[②]而这个自然实验能够说明两点：第一，自动模仿并非来自先天就有的镜像神经元，而是在个人视觉与行为发展的过程中习得的。如果在发展过程中早期知觉就已受损，自动模仿效应就不会出现。第二，因为这种自动化的行为是习得的，所以在手术之后，他们又发展出了自动模仿的能力。这些孩子中有相当一部分即使年龄偏大，但依然开始了对自动模仿的学习。

---

① 这依然能让他们的视网膜与视觉系统正常发育，也使得他们在手术后的视力恢复到了接近正常水平，可以识别手和颜色。

② 许多孩子是在手术康复后才联系上并接受测试的，延后时间平均为 18 个月。这其实也给了他们足够的时间去发展出一定的自动模仿效应，所以他们身上的自动模仿效应并没有完全消失，但很显然，还是受到了非常大的负面影响。

## 打哈欠也传染

有趣的是，针对打哈欠的研究也提供了一种非常相似的解释。我们如果看到别人打呵欠，过一会儿，自己也会跟着打起哈欠来了。我们会说："打哈欠能传染。"实际也是如此。传染性的哈欠可以激活镜像系统，而它是人类、猴子、猕猴、狒狒、黑猩猩最近才进化出来的，在其他物种中极少出现。这也是发展出来的：婴儿出生后的第二年，传染性的哈欠才会出现在他们身上，但是自发性的打哈欠就不受限制。这种现象因经验而发生。

功能性磁共振成像研究表明，看别人打哈欠的视频能诱发传染性的打哈欠，而且也能激活人类分布广泛的模仿系统中的特定部分。与面孔感知相关的大脑区域、传染性打哈欠的行为都被激活。[5]

狗也具备社交认知技能，这使得它们能够注意并解读出人类的手势和行为，也会表现出传染性的行为：它们看到人类打哈欠后，也会跟着打哈欠。狗看到主人打哈欠时，要比看到主人张开嘴时更容易打哈欠。不仅如此，当狗看到的是自己主人打哈欠时，会比看到其他不熟悉的人打哈欠时，打哈欠的反应要多得多。

总的来说，包括对传染性打哈欠和自动模仿效应的研究在内，人类和动物如何发展出模仿性的研究数据，并不支持先天镜像神经元的假设。相反，数据表明，存在着更复杂、更庞大的镜像神经系统，而这一系统随着时间推移、经验增加而缓慢发展。


## 心智理论网络

心智理论包括镜像反应，又远远不止于此。大脑的实体、某种广泛存在的镜像系统，在人类的心智解读力中扮演着什么样的角色呢？人的发展又是如何影响心智解读力的提高的呢？我们对成年人的大脑和心智已经有了相当多的了解，毕竟大多数关于心智理论的神经科学研究都涉及成年人群体。但我们对于心智解读力的发展规则，了解还不够充分。

　　一项最新研究表明，心智理论的推理归因涉及一个神经区域的网络系统，如图 11-1 所示。[6] 当我们进行心理推理任务时，比如下文将要描述的那些任务，这些区域就会被激活。在患有孤独症谱系障碍的成年人身上，这种激活是受损的。持续激活时间最长的区域是前额叶皮层内侧、颞顶联合区的左右侧。虽然这里只显示了一个大脑半球，但研究表明，不管是成年人还是孩子，在进行心智理论推理归因时，大脑双侧的这些区域都被激活了。

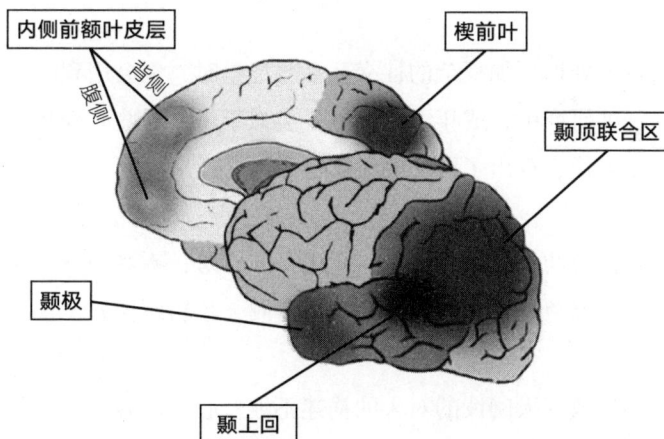

**图 11-1　构成心智理论网络的相关神经区域**

**资料来源：** Bowman, L. C., & Wellman, H. M., "Neuroscience Contributions to Childhood Theory-of-mind Development." In O. N. Saracho (ed.), *Contemporary Perspectives on Research in Theories of Mind in Early Childhood Education.* Charlotte, NC: Information Age, 2014, 195–223.

在一项既是心理推理任务，又是心智理论任务的实验中，成年人试图从照片中的眼睛推断出对方的心理任务，而功能性磁共振成像则持续跟踪着大脑中的血流状态。大脑中运转越繁忙的区域，血流也会相应增加，这就是血氧饱和水平反应。在成年人试图通过眼睛来解读心智时，大脑中间位置的前额叶皮层和颞叶的一部分都表现出了激活水平的强化。

可当同一批成年人被要求从这些照片中确定对方的性别时，神经系统中的这些部分就都没有被激活了。

当使用事件相关电位监测大脑活动的方法，来测量这项任务时，也出现了类似的结果。成年人会在前额叶大致对应前额叶皮层的位置，以及邻近颞叶皮层的头皮侧面的位置，也就是在颞顶联合区的顶部表现出较强的激活水平。[7]

当成年人试图处理更加复杂的社交互动与场景时，也会用到同样的心智理论神经区域。在一项研究中，成年人在读到了类似于下文这些心理状态描述时，通过功能性磁共振成像表现出了增强的血氧饱和水平反应。

罗布把他的狗拴在了灯柱上，走进一家商店，去买咖啡。等他出来的时候，狗已经跑到了马路对面。罗布猜测，拴狗绳松开了。

相应地，如果成年人阅读的对人的描述不涉及心理内容，那这些区域就不会被激活。比如这一段：

希拉没吃早餐，因为她就要赶不上火车了。当她下车的时候，已经饿坏了。她觉得到处是食物的香气，自己的肚子咕咕叫个不停。

这些经功能性磁共振成像和事件相关电位分析而获得的大脑数据，帮助研究者确定了心智理论神经网络的位置。

关于信念的推理归因也能够激活心智理论神经网络[8]：

> 尼基把晚上毕业舞会上要穿的鞋子放在了床上，被裙子覆盖着。她不在的时候，妹妹试了试她的鞋子，但试穿过后，把鞋放在了床底下。尼基回来后准备梳妆打扮去参加舞会，这时的她，还以为鞋子就在裙子下。

在处理基于信念的故事内容时，成年人在前额叶皮层和颞顶联合区中依然有血氧饱和水平反应。就算是这些真真假假的信念发生在卡通人物身上，激活作用也依然会发生。在这种情况下，当他们认为角色有错误信念时，会表现出比角色有正确信念时更高的激活水平。

在一项事件相关电位研究中，戴维·刘（David Liu）、安迪·梅尔佐夫（Andy Meltzoff）和我发现，成年人在对错误信念进行专门的推理时，会激活前额叶皮层的中间区域以及颞顶联合区右侧区域。

包括这些在内的众多研究共同表明：成年人的心智理论神经网络的确存在，涉及多个区域，尤其是前额叶皮层与颞顶联合区。

## 孩子与成年人不同

针对成年人的研究成果还达不到板上钉钉的程度，但即便把成年人的大脑研究透了，也对我们更好地理解儿童的大脑起不到什么推动作用。大脑在我们生命中的发展，一直随着思考与推理归因能力的发展。成年人完全可能已经发展出了一种心智理论网络，但对于儿童，尤其是低龄儿童来说，从他们身上收集到的数据却不一定能得出同样的结论。或许儿童会向我们展现出一种与成年人截然不同的心智理论网络，毕竟大脑是随着他们对心智理论的理解力共同发展的。那我们就需要去研究儿童的神经认知功能了，尤其是两岁到六七岁的儿童，因为在这个阶段，他们的心智理论正发生着日新月异的变化。这项研究才刚刚开始，目前可以明确的，有3点。

- **成年人在心智理论推理归因时所激活的许多位置点，在儿童身上也会被激活。**

戴维·刘、安迪·梅尔佐夫和我，在4～6岁的儿童身上，重复了我们对成年人进行的、与错误信念有关的事件相关电位研究。在错误信念测试中，年龄较大的儿童基本上都能回答正确，他们的大脑中也显示出了与成年人非常相似的电活动。儿童需要超过1秒的时间来让这种激活展开，而成年人只需要0.75秒左右，但他们大脑中激活的区域大致差不多，都集中在前额叶皮层的中间部分以及颞顶联合区的右侧。因此，成年人心智理论神经区域中的两个关键部分，也就是前额叶皮层和颞顶联合区，在儿童进行社会认知推理归因时，也会被激活。

- **然而，研究也显示出了成年人与儿童之间的巨大差异。**

随着不断发展，心智理论推理归因所涉及的区域也会发生变化。在生命的早期，激活的区域会更加分散，而且会随着发展逐步发生变化。例如，在我们的事件相关电位研究中，与年龄较大的儿童相比，年龄较小的4岁儿童在进行对错误信念的推理时，激活了更多的大脑区域，而且同时使用了颞叶顶部接近头皮左侧和右侧的位置，也就大致对应着颞顶联合区的左侧和右侧。

功能性磁共振成像技术并不适合在儿童身上使用，这也限制了对于学龄前儿童的研究。毕竟，它需要操控头周围的磁场。而人要被塞进一个被巨大电磁铁包围的、又长又窄的管子里，即便是成年人也会感到幽闭恐惧。而且整个过程非常嘈杂，磁铁会不断发出巨大的"咔嗒"声。不仅如此，在整个扫描过程中，还需要参与者保持静止，否则扫描结果会非常模糊，无法提供有效信息。如果我们做过核磁共振扫描，来帮助医生诊断膝盖的伤势或潜在的阑尾炎症状，那就有过上述场景的体验了。很少有学龄前儿童能够在这种情况下配合研究，而恰恰是这个年龄的儿童，正在经历着许多心智理论上的改变。无可奈何，想获取他们的数据，大多要依赖于事件相关电位技术。

就算给更大一点儿的儿童使用功能性磁共振成像技术，也同样需要谨慎的态度、特殊的技巧和大量准备工作。研究人员会额外增设研究环节，让孩子们习惯身处于扫描管道中。他们让孩子们在机器外就先听一下功能性磁共振成像设备会发出的声音，这样孩子们就能知道自己将面对什么，以提前做好准备。他们也鼓励孩子的妈妈全程在场，当孩子们身处扫描设备中时，妈妈能摸着孩子的脚。这项研究尚在进行之中，功能性磁共振成像技术也将提供与年龄稍大的孩子们社交的、有关大脑的重要信息。

- **心智理论网络从学龄前期到青春期会发生变化。**

随着时间的推移，心智理论的激活会变得不那么分散，而更加有针对性。尤其是颞顶联合区的右侧，会越来越有针对性地处理与人们信念相关的信息。[9]

有研究测量了儿童对心理状态进行归因时的状态，前额叶皮层的中间部分被激活，与颞顶联合区左右区域相应的大脑区域也同样被激活。但随着儿童的成长，我们看到右侧颞顶联合区在对信念进行推理归因时激活程度提高，而前额叶皮层中间区域的激活程度则降低了，后者现在被更多地用于对一般心理状态的推理归因。

虽然还没有被完全地描述与理解，但以上这些发展变化也非常重要，因为它们揭示了神经层面的改变。如果心智理论网络从一开始就非常成熟，或如果在婴儿期之后，心智理论的变化仅仅是训练使用这一网络的结果，那这些改变就不太可能发生。是发展带来了心智理论网络的出现，也是发展带来了这一网络在神经层面的基础变化。

## 可塑的大脑

神经科学表明，儿童也有一个心智理论神经网络。在一些区域的使用上，儿童与成年人相同，但随着时间的推移，这个神经网络会发生相当大的变化。未来研究的一个重要任务就是，在心智理论的神经变化中，把因个体成熟所起到的影响，和因个体经历所起到的影响区分开来。

马克·萨巴格（Mark Sabbagh）曾帮助我进行我的第一次发展神经学调研，他是这样解释当今的神经研究的："我们正在尝试绘制出心智理论发展在神经上的'发展步调'。"在一条赛道上，如果甲马跟乙马步调一致，它就能设立一个超越乙马的步调，拉着乙马往前跑；甲马也可以跟乙马保持一样的步调，两匹马并排跑；或者，甲马以某个步调紧紧跟在乙马的后面，撵着乙马往前跑。如果光考虑成年人的数据，人们会很容易认为，是大脑生物性的成熟驱动了人们有更好的理解力与表现力。但完全有另外一种可能，那就是蓬勃新生的理解力在不断地让大脑保持激活状态，拽着后者进步。

心智理论是一种非常深层的发展成果，同时受到了经历与学习的驱动。因为大脑具有可塑性，经验与学习同时塑造了大脑的结构与功能。不管是面孔、友情、数学还是阅读，都是我们经历新事物、学习新东西用到的素材，而大脑也以自身的改变做出了回应。

发展神经学越来越强调，既依赖于经验又具有可塑性的大脑，在发展上基于多种不同的手段。

**心智理论的发展以经验为基础：社交与认知的经验既塑造了理解力，也塑造了大脑。心智理论中的理解力与大脑活动在整个童年中交织在一起，一步一步地共同发生着改变。**

没有一个"只有大脑说了算"的简单故事，我们不能说"镜像神经元一激活，我们就自动地进行了心智解读"，也不能说"大脑成熟了，心智理论也就出现了"。心智解读力是习得的，社交脑同样也是学习的产物。

# 12

## 孩子如何
## 解读 AI 的心智

READING        MINDS

罗比是 8 岁的格洛丽亚的机器人保姆，能保护她、
逗她开心，还能很好地照料她。格洛丽亚的爸爸乔治是
一名机器人工程师。两年前，他把罗比带回了家，他解
释说，罗比生来就忠诚、善良、有爱心。

过去这两年，格洛丽亚和罗比越发形影不离。她跟
罗比说话，给它讲故事，还会握起它那金属制成的手，
和它分享秘密与泪水。格洛丽亚相信罗比就像人一样有
着情感与偏好，而且比起和别人一起玩，格洛丽亚更愿
意和罗比相处。她已经爱上了罗比。

但格洛丽亚的妈妈格雷丝对此深感担忧："我们要
谈谈格洛丽亚跟那个可怕的机器，你听我说，乔治。
我不要把自己的女儿托付给一台机器照料，我也不在
乎它有多聪明。它没有灵魂，也没人能知道它在想什
么。"此外，格雷丝还表态，格洛丽亚是不会从"一

堆破铜烂铁"身上学会与人类互动所需要的社交技能的。于是，罗比被送回了工厂。

这就是《罗比》（*Robbie*），艾萨克·阿西莫夫（Isaac Asimov）的作品集《我，机器人》（*I, Robot*）中所收录的第一个故事。[1]据《星期六晚邮报》（*The Saturday Evening Post*）报道，"这本书彻底改变了小说行业，让机器人前所未有地有趣"。在这本书首次出版的1950年，类人机器人还不存在，现如今，它们却在商场、酒店、工厂流水线、医院、学校和研究实验室里随处可见。2017年的"美国国家机器人计划"预测，机器人在未来将更加普及，"就像今天的汽车、计算机和手机一样常见"。"它们会出现在天上、地上、水下、太空里。"但正如阿西莫夫当年所预见的，有的机器人的确会给人带来不安感。

## 恐怖谷效应

最近几十年的研究表明，随着机器人变得越来越像人，我们也越来越喜欢机器人。但在某种程度上，如果机器人与人太过相似，又会有怪异惊悚感。我们比较反感那种太像人的机器人，或者那种在声音、情感甚至思想上都和人过于相似的机器人。这种喜爱程度上的急剧下降，被称为"恐怖谷效应"[2]。

当我们在电影、广告中看到机器人的影像或听到它们的声音时，也可能有过这种不对劲的感觉。在电影《她》（*Her*）中，职业写信人西奥多向一个机器人萨曼莎求助。萨曼莎有着声音、思想与感受，她与西奥多展开了一段对话。在疲惫又孤独的西奥多还没来得及阻止自己之前，他爱上了萨曼莎，而萨曼莎似乎也有同感。虽然萨曼莎没有身体实体，但观众认为她在声音与情感上都绝对是人类。这让人感到惊悚与不安，因为我们跌进了"恐怖谷"。

与之形成鲜明对比的是电影《充气娃娃之恋》（*Lars and the Real Girl*）。拉斯住在一个偏远的农场，周围也没有和他年龄相仿的未婚女性。他的女朋友是一个充气的、真人大小的玩偶。就算它没有思想，没有感情，也无法表达，拉斯还是会带它去参加各种社交活动，把它介绍给自己的朋友，而且似乎真的能与她在生活中共处。观众们认为《充气娃娃之恋》"非常好看""很感人"，而且是一部"能让人相信人性中尚存善良的电影"。不管是我们，还是拉斯在电影中的朋友，都可以接受拉斯有这样的女友：虽然它具备一些人的特征，但它还是跟人很不一样。

一些科学家认为，我们看到非常像人类的机器人时会产生毛骨悚然的感觉，是因为我们进化出了对疾病的恐惧，而这些机器人看起来或听上去都像是患病的人。另一些科学家则认为，特别像人的机器人给人带来的印象是它们可以思考，也有感情。但作为成年人，我们并不相信机器能够做到这一点，所以当它们看起来、听起来、动起来非常逼真时，我们就会不安。

阿西莫夫当年借用格雷丝之口，预言了几十年后科学家才发现的机器人带来的不安感。那他所描绘的那种格洛丽亚对罗比的爱，是否也同样是精准的预言呢？

在过去的十几年里，市场上充斥着大量号称可以吸引孩子、陪他们玩耍，甚至能够辅导、教育他们的机器人。但并没有研究表明，这些机器人达成了商家之前的承诺。我和我的同事金伯利·布林克（Kimberly Brink）都想探究，在这些想为孩子提供服务的机器人身上，哪些部分有吸引力，哪些不被孩子喜欢，以及什么功能起到了积极作用，什么功能根本无用。[3] 我们在两年中访谈了大约 250 个孩子，他们的年龄介于 3 ～ 18 岁。我们询问他们，对于 3 种不同的机器人有着怎样的看法和感受：第 1 种是非常像人类的机器人，第 2 种是更像机器的机器人，第 3 种是如图 12-1 所示的 NAO 机器人。

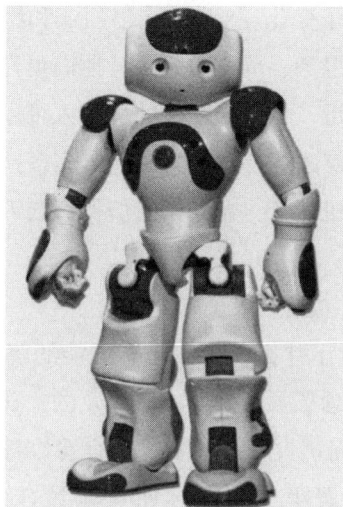

图 12-1　NAO 机器人 [1]

　　结果发现，9 岁以下的孩子根本没有意识到像人类一样的机器人有什么可怕之处，这很类似格洛丽亚的情况，但与成年人的情况截然不同。除此之外，孩子们还都非常喜欢 NAO。这意味着，成年人不太可能是因为进化出了对患病同类的厌恶感，才觉得跟人类相似的机器人可怕。因为如果这一点成立的话，即使是很小的孩子，也会觉得这些机器人很可怕。

　　在差不多 9 岁的时候，孩子对机器人的反应就会发生变化。在这个年龄节点之后，"恐怖谷效应"出现了，孩子会认为一个非常像人的机器人，要比像机器的机器人更恐怖。

　　这种情况的出现，似乎是因为孩子对心智是什么、能做什么，以及机器是什

---

① NAO 机器人的图片来自软银机器人公司。

么、能做什么的判断发生了变化。8岁的格洛丽亚和她的同龄人乐于相信，机器人同样也能看见、听见、思考、玩耍与哭泣。他们更喜欢这样的机器人，不仅因为这让机器人看起来更亲近，也因为这样的机器人可以成为他们的朋友，并保护他们。对小孩子来说，机器人的心智能力自然是多多益善。可对大一些的孩子以及成年人来说，越聪明的机器人，尤其当它们拥有与人相似的感受与想法时，似乎就越显得恐怖。

9～10岁，究竟发生了什么变化？最有可能的解释是，孩子开始领会与区分心智、大脑与身体的概念了。正如第8章谈及的，孩子一开始会更倾向于把心智形容为"心理上的"，而把大脑这种生物器官看作身体的一部分，用于容纳心智。机器人并不具备生物属性，所以它们也不应该容纳人类的心智。这样来看，一旦机器人表现出有心智的一面，"恐怖谷效应"便产生了。

因此，阿西莫夫对格洛丽亚的刻画很有先见之明，当罗比大显身手的时候，格洛丽亚刚满8岁，而且她的角色与反应驱动了故事的发展。《罗比》是部虚构的小说，但不是纯粹的幻想。

## 向机器人学习

吉姆和克丽住在美国中西部一个名叫普莱森特维尔的乡间小镇。他们的儿子，5岁的本和10岁的瑞安在当地的公立学校就读。他们所处的学区总是缺少老师，最近的城镇远在60千米之外，那里的老师也收入微薄。而且，就算是最好的学区，也照样很难找到老师任教。在过去10年里，在全美范围内，教师培训项目的入学率都在下降，而且有一半的新教师从业不到5年就离开了教育行业。所有这些因素，都让镇上的情况雪上加霜。

今年，学区雇员的情况已经差到了极点：班级规模不得不变得很大，用于聘请助教的经费也非常有限，这又进一步导致了教师申请人数的减少，学校董事会甚至开始考虑接纳一些不合格的教师来应急。家长们对此愤怒不已，老师、校长们则愁得焦头烂额。一系列矛盾在一次校董事会议上爆发了，充斥着咆哮、懊恼、威胁和怒火的会议一直开到了半夜。这事毕竟关系孩子的未来，家长们肯定不能退缩。

第二个星期，主管部门找到了一个可行的解决方案。这个州会投放资金来帮助学校董事会在符合条件的学区使用新技术手段教学，普莱森特维尔正符合条件。这里的教育部门能够得到资金来购买教学机器人，放在教室里服务学生。这些机器人能够承担一定的教学量，也能够帮助提高教学质量并缓解班级规模过大的问题。

在 10 年前，用没有灵魂的机器来教育我们的孩子，这种解决方案还是不可想象的。现在却解了燃眉之急，毕竟没什么更好的解决方案了，而且校长还看到了其他学校用这一方法获得了成功。他顺利地推行了自己的计划，学校董事会也力排众议，通过了这一方案。等秋天一到，吉姆家的孩子就和这个学区所有的孩子一样，有了一个在教室里的机器人。

半年已过，学校董事会开始评估机器人老师起到的效果。在 6 岁的本所在的班级里，效果非常显著。孩子们学得很快，跟机器人学并不比跟真人老师学慢，孩子们也喜欢和机器人互动。整个过程中，老师们也可以在压力更小的情况下，做更多的工作。双方都获益。

但在瑞安的班级里，都是 11 岁的孩子，效果却完全不同。他们班上的机器人和本班上的机器人一模一样，都很像真人。但才到转年的 1 月，孩子们就不喜欢它了。他们给它起外号、打它，也几乎没有从它身上学到什么知识。它被放在一个角落里，不管是学生还是老师都嫌弃它。

跟阿西莫夫的小说一样，上面这个故事是虚构的，不过同样反映了真实世界的情况。的确有很多学区苦于缺少老师，也的确有很多机器人走进了教室。在韩国，Robosem 机器人会教孩子英语，而在美国，Rubi 机器人则教孩子芬兰语。还有包括 NAO 机器人在内的，像孩子一样的机器人，会通过模仿游戏、轮流行动，以及对话等形式，帮助患有孤独症的孩子练习社交。Ursus 是一只大型的机器熊，它能够帮患有脑瘫等运动障碍的孩子进行物理治疗。

让机器人当老师并不是无稽之谈。孩子能从其他人那里学到很多知识，不管对方是父母、老师还是小伙伴。孩子能相信 8 乘 8 等于 64，地球是圆的，以及恐龙已经灭绝，并不是因为他们靠自己发现了这些事实，而是因为某个可靠的消息来源，告诉了他们这些事实。研究表明，孩子能从人与人的交流中学习一般知识，这种效应被称为"证词信任"。

但是，孩子会信任来自机器人的证词吗？如果机器人的行为、反应甚至外观都像人一样，会产生影响吗？如果孩子能向机器人学习，那他们的学习方式与向真人老师学习一致吗？这些都是值得探究的问题。

研究表明，**学龄前儿童向其他人学习时，会观察对方的知识水平、擅长内容和信心高低**。他们会记住某人之前是否给他们提供过准确的信息，也会观察对方获取信息的情况："她见过跟我说的那样东西吗？"他们会注意对方的个人气质："他是个知识渊博的成年人，还是个天真无邪的小孩子？"还会监控对方对自己的说法是有信心，还是不确定："她说的是'我知道'还是'我以为'？"

令人惊讶的是，人们对孩子能不能、如何向机器人学习这件事知之甚少。因为机器人的机器属性，孩子可能认为对方绝对可靠，就像计算器或电子词典一样，进而，他们会全盘接受来自机器人的任何信息，不会考虑这些信息是否正确。也可能有一种完全相反的情况，孩子会把机器人看成一种更容易发生错误的机器，比如会把面包烤焦的烤面包机，会给出错误、怪异答案的苹果手机智能语音助手（Siri），或者是一个在半夜出了故障突然响起的闹钟。在这种情况下，他们可能会抵制来自机器人的教学。

布林克和我共同探究了以上这些问题。我们首先研究的是 3 岁的孩子。在标准的"证词信任"研究中发现，这个年龄的孩子能轻松地从真人老师那里学到很多东西了。

在实验的第一阶段，布林克让两个颜色不同的 NAO 机器人分别说出了 4 个孩子熟悉的物体名称，比如，机器人会观察并指向泰迪熊或一个球。有一个机器人完全正确地说对了 4 种物品，另一个机器人却把 4 种物品全说错了，比如它会把泰迪熊叫成"一棵树"。随后，布林克会再问孩子们一个问题来做"准确度校验"：哪个机器人不太擅长回答问题？

这之后，布林克再向孩子们展示 4 种不同又不太常见的新物品，比如压蒜器，再问他们，想让哪个机器人来告诉他们这东西叫什么。这是一个"询问倾向"问题。

机器人会为每个物品说出一个编出来的称呼，而且彼此都不同。比如压蒜器，一个机器人会说"这是个 Modi"，另一个则会说"这是个 Toma"。布林克会再次询问孩子，他们认为这个物品的正确名称是什么，是 Modi 还是 Toma。这是一个"认同度"问题。这样基本上就能分辨出孩子们对每个机器人所给出的信息是信任，还是不信任。

事实上，这些学龄前的孩子确实能够在"准确度校验"问题中分辨出哪个机器人说得更准确。甚至更进一步，他们还会对说得更准确的机器人表现出更强烈的"证词信任"。而在"询问倾向"问题中，他们中的绝大多数也表示，自己想去问那个说得准确的机器人，新物品究竟叫什么。而在"认同度"问题中，孩子们则压倒性地表示，新物品的名称就是那个"说得准确的机器人"所提供的称呼。

**年幼的孩子可以从机器人那里准确地学会新词汇，尽管这些词是我们编出来的。事实上，这些小孩子向表述准确的机器人学习的速度，与他们向表达准确的真人学习的速度是一样的。**

我们还问了孩子们对 NAO 机器人的心智有何看法：它们"能不能自己思考""能不能决定自己做什么事"，或者"会不会感到恐惧"。孩子们至少都会对其中一个问题给以肯定的回答，有些孩子会说 NAO 机器人既能自己思考，又能决定该做什么，还会感到恐惧，但另一些孩子却说它只能做到其中一样或两样。

在向机器人询问新物品名称的环节中，那些认为机器人的心智水平更高，也就是在上面这些问题中更多地给出肯定回答的孩子，要比认为机器人心智水平更低的孩子更倾向于选择表述准确的机器人去询问。当表述准确的机器人讲出新物品的名称时，那些认为机器人心智水平更高的孩子，也明显更有可能去学习这个新词汇。

很明显，年幼的孩子确实能够从机器人身上学到东西，但他们也对自己能够接受的机器人老师很挑剔。

## 机器人观念的新发展

大多数与机器人和儿童相关的研究都只涉及具体某个年龄阶段，或只涉及某种具体类型的机器人，这使得研究结果不够全面。但如果能从这些非常不同的研究中收集数据的话，我们就能了解机器人更广泛的发展图景。[4]

### 年幼的孩子是如何向机器人学习的

对于 3～6 岁的孩子来说，能与他们交流的机器人的教学比那些滔滔不绝说个不停的机器人更有效果。3～6 岁的孩子更想通过提问索取信息，比起仅仅提供信息的机器人来说，他们更能认同一个会回应他们的机器人。在学习新词汇的时候，孩子更喜欢一个像人一样可以互动的机器人老师，而非没有生命的简单扬声器。

在日本，当 4～6 岁的孩子以团队成员的形式向机器人老师学习时，他们会表现得更好。

> 当机器人的声音、外观或行为与人类相似时，这个年龄段的孩子向机器人学习的效果是最好的。

在一个布置桌面的任务中，会有机器人来告知孩子们桌上不同器具的功能和位置。当机器人的声音更接近真人而非机器时，孩子们在之后的测试中会成功回忆出更多的信息。

在韩国，孩子们向会表达情感、能唱歌说话的机器人学英语时，要比从不具备交流功能的计算机和教科书上学取得的效果更好。

那么，大一点儿的孩子，情况又如何呢?

## 小孩子与大孩子有什么不同

在布置桌面的任务中，如果提供教学的机器人有人类的声音，那 4 ～ 6 岁的孩子的表现会有显著进步。在受过机器人训练之后，他们的表现能达到与 7 ～ 10 岁的孩子不相上下的水平。可如果是 7 ～ 10 岁的孩子，哪怕是从同一个机器人那里接受了同样的训练，进步也微乎其微。对他们来说，机器人所发出的声音是接近人声还是接近机器，都没什么不同。

在另一项研究中，不同年龄段的孩子和一个看上去高度心智化的机器人共同参与课堂上布置的任务，比如，这个机器人记得孩子们的名字，或者会停下来专门进行思考。

**比之一个能提供相同信息但没什么心智的机器人，较小的孩子从有心智感的机器人身上能学到更多东西。可是，一个有心智感的机器人并不能提高大孩子们的学习效果。**

在日本的一项研究中，Robovie 机器人被安排在一所日本学校中四处走动，同时还会与六七岁的一年级学生、十一二岁的六年级学生说英语。这个机器人能够表现出有互动性、有心智感的种种行为，比如拥抱、握手、玩"石头剪刀布"、唱歌、简短的交谈，以及指向附近的物品。与六年级的学生相比，一年级的学生在与机器人互动上明显花了更多的时间。

在我们的"恐怖谷效应"研究中，年幼的孩子也会把无数似乎人类才有的品质赋予机器人。他们相信机器人也拥有情感体验、社交能力与视觉或触觉这样的感知能力。其他的研究也有类似的发现。3～5岁的孩子认为，AIBO机器狗不仅有视觉，还能被"挠痒痒"。他们还相信，这只狗能思考，也有快乐的感受。

孩子对机器人具有情感体验与感知能力的期待值，是随着年龄增长而降低的。他们到了8岁，还会说一个1米高的、能与之互动的机器人依然可能既聪明，又有自己的兴趣，还有种种情绪上的体验。但当孩子到了15岁，就不再这么讲了。

日本的研究人员就机器人这一话题去询问孩子们时，7岁以下的孩子经常用高度人格化的词汇来形容它们。比如，称机器人为"他"或"她"，而非"它"，还会说他们具有自主的行动与诉求。但一超过7岁，随着年龄的增长，他们使用描述人造机械的词汇来形容机器人的频率就会越来越高。

一如阿西莫夫故事中的格洛丽亚，年幼的孩子更能以友好的态度和无畏的精神去接受某些机器人，与他们对待家养宠物的方式并无不同。在我刚开始研究孩子与机器人时，一位研究助理带着她4岁的儿子亚历克斯来实验室参观。亚历克斯见识了两项研究：在一间实验室里，一只友善的小狗费奥纳正在和孩子们互动，而另一间实验室里，有一台NAO机器人。

亚历克斯立刻被费奥纳吸引住了，他毫不畏惧地接近并抚摩这只小狗。值得注意的是，他对NAO的反应也是如此。他对NAO很感兴趣，当NAO用眼睛看着他的脸，记住了他的名字后，他们便开始互动。

正如我们的"恐怖谷效应"研究的成果所示，随着孩子的年龄增长，他们会认为机器人更接近机器，而不是人。大一点儿的孩子相信机器人只能以某种具体的形式去思考和决策，他们不会觉得机器人能被别人"挠痒痒"，也不认为它们会感到害怕。我们成年人，同样不那样认为。

## 对机器人的感觉

在"恐怖谷效应"带来惊悚感之前，机器人仍然能给孩子带来很多好处。年幼的孩子会告诉研究人员，像 AIBO 机器狗这样的家庭机器人，会让他们独自在家时更有安全感。另一些更小的孩子则会说，即使是完全由金属构成的机器人，也能成为他们愿意分享秘密的朋友。3～9 岁的孩子认为 NAO 有自己的兴趣，而且能体验到情绪感受，他们还相信 NAO 可以成为自己的朋友，并在自己伤心的时候提供安慰。在去医院打针的时候，一个好玩的 NAO 机器人会比一个真人护士对严重焦虑的孩子起到更好的安抚效果。

> 就像阿西莫夫故事中的格洛丽亚，年幼的孩子很容易对机器人产生积极的情感，而大一些的孩子和成年人则更容易产生消极的情感。

## 机器人有道德吗

阿西莫夫的作品《我，机器人》主要探讨的，是道德与机器人之间的关系：为了善恶有别的不同诉求，机器人是如何与人类互动的。大多数的情节都围绕着苏珊·卡尔文（Susan Calvin）博士的工作展开。她是一家虚构企业的首席机器人专家，该企业是世界上类人机器人的主要制造商，美国机器人与机械人股份有限公司。她担心高级机器人会产生某些异常的行为，于是开辟了一个新的研究领域：机器人心理学，旨在探究这些电子大脑里正在发生什么。

所有由美国机器人与机械人股份有限公司生产的机器人都必须在程序层面遵循"机器人三定律"。

- **第一定律**：机器人不得伤害人类，也不得因不作为而让人类受到伤害。
- **第二定律**：机器人必须服从人类的命令，除非这种命令与第一定律相冲突。
- **第三定律**：机器人必须保护自己的存在，只要这种保护不与第一或第二定律相冲突。

但在阿西莫夫的故事中，机器人和它们的原型之间出现了漏洞。这导致机器人群体的自相残杀，以及伤害人类，甚至在一个关键案例中，杀死了一个人。

《我，机器人》成书后，诞生了大量衍生品、续作，也引起了人们的广泛讨论。《辛普森一家》（*The Simpsons*）2004 年所播出的某集中，有一位名叫粉碎者克雷（Smashius Clay）的机器人拳击手。自暴自弃的克雷为了遵循阿西莫夫提出来的三条定律，输给了与他对决的每一个人类对手。

20 世纪福克斯电影公司在 2004 年发布电影《我，机器人》，威尔·史密斯（Will Smith）饰演主角：生活在 2035 年的芝加哥警察局的侦探戴尔·斯普纳（Dell Spooner）。斯普纳调查的是一起谋杀案，受害者是机器人专家阿尔弗雷德·兰宁（Alfred Lanning）博士，凶手可能是一名机器人。这部电影将阿西莫夫提出的机器人三定律嵌进了情节线中。

目前，像 NAO 这样的机器人并未编程内置专门的道德代码。不过，到目前为止，它们也不具备任何完全属于电子机械智能的东西。相对的，人类也没有设立如何对待机器人的法律法规。例如，一个完全跟人一样的机器人，该不该有人权呢？2017 年 11 月，沙特阿拉伯王国授予机器人索菲娅公民身份，这引发了一场与阿拉伯妇女权利有关的轩然大波。例如，沙特妇女在公共场合是必须戴面纱的，但索菲娅不受此限制。

研究人员、机器人设计师、家长和教师们也越来越担心与机器人的互动增多，会增加孩子的反社会行为。一个搭便车的机器人成功环游了德国、加拿大和荷兰，还跟其他旅伴一起谈了话、拍了照。但在它进入美国几个星期后，就被毁坏了。有一种被设计拿来和顾客分享信息的购物中心安保机器人，则经常面临被没人管的孩子虐待，他们对着机器人拳打脚踢。[5] 而且，我们很容易想象这样一个"后人类"世界，机器人取代了人类的工作，并因此被他们所取代的人类攻击和破坏，这已经是不少科幻小说和电影的主题。《纽约时报》并不是一个刊载虚构文学的刊物，但最近却发表了一篇文章《如何保护你的孩子免受机器人的伤害》（*How to Robot-Proof Your Child*）[6]。

实验研究表明，改造机器人，可以减少针对机器人的反社会行为。在学龄前儿童的教室中，如果机器人遭到伤害或在玩耍中被粗暴对待后开始哭泣，孩子们会以拥抱的形式来安慰它，并主动保护它不受进一步伤害。至少有一项研究表明，年幼的孩子在和机器人交谈与玩耍 15 分钟后，会认为机器人应该得到公平的对待，也不该遭受心理上的伤害。[7]

## 走向未来

年复一年，机器人在我们的生活中与孩子的生活中扮演着越来越重要的角色。除了 NAO，过去几年中还制造出了很像皮克斯（Pixar）的机器人，被设计成有玩游戏、回答问题、阅读故事等功能，甚至能在无人监管的情况下照看孩子。目前的研究表明，被赋予这些角色的机器人可能对较低龄的孩子有效果，但对大一点儿的孩子来说，就没那么有用了。

然而，因为机器人在孩子的生活中开始扮演越来越重要的角色，我们需要一个不断扩展的研究项目来进一步理解，不同年龄段的孩子是如何与机器人交流互动的。同时，还需要进一步的研究来探索孩子向机器人学习的过程、他们对机器人的感知、他们如何对待机器人，以及这些互动和孩子的社会化发展、道德发展、与他人交流之间的复杂关系。

这些研究并不能一蹴而就，更不是今天做完明天就能有结果。未来的孩子完全可能和机器人一起长大，机器人会成为他们生活中的固定设备。我们需要在这样的情况下去探究，孩子会对机器人产生怎样的想法，以及如何与机器人互动。在美国经济大萧条时期出生的孩子，与在第二次世界大战时期或 20 世纪 50 年代出生的孩子相比，就有着截然不同的视角。那今天的孩子与当下的成年人看待机器人的方式也可能有很大的不同，毕竟，二者对于机器人的体验是截然不同的。

可以想象，终有一天，"恐怖谷效应"将会消失。随着类人机器人越来越常见，年龄较大的孩子和成年人可能也会指望着内在是机器、外表是人类的机器人拥有心智，带来全方位的"人类感"。有一天，非常接近人类的机器人会变得有足够的亲切感；当然，也有可能达不到这种水平，这还有待观察。正如我们与机器人之间日益频繁的接触，会如何影响我们日常使用的心智理论一样，有待观察。

# 13

## 心智理论的
## 应用与误区

READING MINDS

作为人类看待世界的基础方法，心智理论存在于我们身边的各种场合之中，给我们的思维、制度，以及基本信念染上了色彩。当然，这些色彩有对有错，有的直接作用于我们，有的却影响了他人。

## 法律领域中的心智理论

1960 年 3 月 22 日，美国堪萨斯州花园城的芬尼县法院开庭审判了一个谋杀案。两名男子被指控在一次入室盗窃中杀害了一名当地农民，以及他的妻子和两个孩子，而两名凶手每人因此获得赃款 25 美元。审判仅仅用了 7 天，陪审团也只用了 45 分钟就做出了有罪判决。两名男子都被判处死刑，当时的罪名是堪萨斯州的一级谋杀罪。

两名凶手，理查德·希科克（Richard Hickock）和佩里·史密斯（Perry Smith）当时刚刚从堪萨斯州州立监狱假释。而4名受害者分别是赫伯特·克拉特（Herb Clutter），他的妻子邦妮（Bonnie），15岁的女儿南希（Nancy）和14岁的儿子凯尼恩（Kenyon）。谋杀发生于1959年11月15日，是个星期日的清晨，地点就在克拉特家那欣欣向荣的农庄里。

希科克和史密斯在案发后不久就被逮捕。希科克之前的狱友弗洛伊德·韦伯（Floyd Webber）曾在克拉特的农场工作过，他联系了监狱的典狱长，说希科克曾计划过"神不知鬼不觉"地抢劫一次克拉特。有了这个证词，希科克和史密斯在6个星期后，在拉斯维加斯落网了。他们承认了谋杀罪行，并被带回堪萨斯州受审。他们的计划基于这样一个错误信念：希科克认为克拉特在自家农庄里的保险箱中藏了1万美元。但事实并非如此。

"希科克－史密斯"一案的审判并未获得堪萨斯州之外大多数美国人的关注，两人在牢房里待了近5年后，于1965年4月14日一起被绞刑处死了。然而仅仅几个月后，希科克和史密斯就成了整个20世纪里，美国最著名的两个杀人犯。他们的罪行成为杜鲁门·卡波特（Truman Capote）在1966年春季出版的《冷血》（In Cold Blood）[1]的素材，这本书可以说是第一本真正出版的犯罪题材书籍。《冷血》很快就大获成功，直到今天仍是极为畅销的犯罪书籍，仅次于文森特·布廖西（Vincent Bugliosi）根据曼森家族杀人事件所著的《杀人王曼森》（Helter Skelter）。同时，《冷血》还被改编成电影和迷你剧。

禁止谋杀几乎是所有道德体系和法律制度中的一部分。与此同时，法律和道德领域上的另一考量在于，虽然犯罪者必须为自己的罪行承担责任，但他们不应受到超过其应受程度的惩罚。在杀人案中，这涉及层级上的划分。

美国、加拿大、澳大利亚和新西兰与谋杀有关的法律，皆源于英国普通法。

英国普通法规定，若某人犯错获罪，"心智必须能够认识到行凶者的罪行，才算是有罪"。罪责不仅仅取决于具体的身体行动，比如某人死于另一人之手，更重要的是，还取决于行为人与此相关的心理状态，也就是凶手是否是在知晓意图的情况下行凶的。

希科克和史密斯因一级蓄意谋杀罪被绞死。希科克在监狱里就策划了这起盗窃抢劫案，而且计划的一部分就是要"不留活口"，处理掉任何目击者。在心智理论的基本环节"思考－需求"之中，希科克参与了一个他认为能让自己得到想要的东西的行为。这种"思考－需求"的心理中充满了犯罪意图。

大多数国家会将杀人行为区分为故意杀人、过失杀人等几种不同的类别。为了使各州各地之间的分类更加一致，美国法律研究所于 1962 年出版了《模范刑法典》（*Model Penal Code*）。[1] 其中列出了几个罪责级别，划分依据是罪犯本人的心智状态。最严重的一级是"蓄意谋杀"，这种情况下的罪犯在意识中就有让对方死亡的心理意图。依据 3 位医生的证词，法官裁定了史密斯和希科克智力正常，他们知道自己的所作所为，也明白这不合法。纵然如此，他们基于"思考－需求"的心理，依然以不留下任何目击者作为目标采取了行动。

《模范刑法典》里还界定了一些相对较轻的罪行，比如"知情杀人"。罪犯可能并不是蓄意造成死亡，而是蓄意造成某种程度的伤害，且这种伤害可能会导致死亡发生。比如甲只是想把乙打到失去知觉，却失手把乙打死了。"疏忽杀人"则有着更低的蓄意成分，罪犯的行为无视法律、无所顾忌，极可能导致对方死

---

① 《模范刑法典》的功能是提供咨询和参考，其最近一次更新是在 1981 年。它能够指导各州的立法机构更新其刑法内容，但它本身并不具有法律效力。大多数州都部分采用了《模范刑法典》中的做法与定义，而非全盘照搬。

亡。比如甲在人群中开了枪，他不一定是想杀人，却有可能伤及他人性命。"意外杀人"是最缺少目的性的，这种情况下，死亡是无意发生的。比如甲驾车在限速内正常行驶，但有人在他的车前飙车，结果轧过了他，导致了他的死亡。

心智理论让我们能够在法律层面上区分这些案例。"蓄意""合理怀疑""知晓意图""心智状态"这些术语都具有特定的法律含义，但因为它们都源于常识中的心理学，我们很容易就能理解其含义。它们都是我们在更广泛的"思考－需求"的归因推理中就有的概念。我们的道德推理与犯罪意图的发展基础是一致的。行动本身是好是坏，取决于行动背后的意图。不管在什么情况下，我们破坏了邻居的花坛，这都不是件舒心事，但只有在故意如此的情况下，我们才应该受到法律谴责。

## 想法泡泡

还记得那些在漫画书中首次亮相的超级英雄吗？像是超人、钢铁侠、神奇女侠或者金刚狼，它们用"想法泡泡"（见图 13-1）向我们展示了它们是什么样子的。表面上看，这些"想法泡泡"是一种奇怪的东西：用图案来表示想法，但我们却能很容易地理解。这是心智理论在起作用，在这样的情况下，它靠着一种奇怪设计完成了自然叙事。

对有大量阅读经验的人来说，阅读是一种很自然的行为。实际却并非如此。对人类来说，口头语言很容易，但阅读却须艰苦学习。印刷可以在一页纸上留下永久的标记，进而转述出连贯清晰的声音。人类用了几千年才实现这种转换，而且在历史上，印刷技术只在少数几个国家或地区独立出现过。很多孩子一开始都为阅读困扰，他们可能需要几年时间才能理解与掌握这一能力。

用图案来表达心智似乎更加普遍，但在经过数代人的打磨之后，仍然需要付出努力与多加训练才能掌握。这方面的一个很好的例子就是，文化如何在静态的层面上去呈现出动态的内容。在不同历史阶段的不同文化中，这方面的差异也非常大。古埃及人在描绘行走的动作时，上半身要朝着观察者，但是臀部和腿部却扭过了90°，以一种匪夷所思的角度向着行进的方向倾斜。洞穴壁画会用一些特殊的姿势来描绘动物的奔跑，有时甚至会显得很怪异。古代的夏威夷人则会以自己的特点来描绘冲浪。为了创造、解读和完善这些描述，就产生了与之相关的惯例。

而漫画家们，就是发展或者借用了另外一种这样的惯例。如果在一个静止但是前倾的人身后有一连串动感的线条，那就说明这个人是在奔跑，或者也可以从一个人的嘴巴里画出一些记号，来表示他正在发出声音。一项测试儿童对于漫画书表达习惯的理解能力的研究表明，儿童到 6 ~ 9 岁的阶段，才能理解其中对于动作或者声音的描述。

那我们对于超级英雄的那些"想法泡泡"的解读，是不是只有通过专门训练或文化熏陶才能掌握？我们曾提到过，即使是 3 岁的孩子也会说思想是看不见摸不着的，这也许就是原因。"想法泡泡"是清晰可见的，也在用有形的词汇来描述角色的思想，它就是一张纸上的画面。

此外，学龄前儿童的童话书也很少会用到"想法泡泡"，但在为他们的哥哥姐姐所创作的漫画书中，"想法泡泡"却很常见。我和同事调查了来自美国、西班牙、英国和日本的超过 200 本学龄前漫画，其中只有不到 3% 的书中有"想法泡泡"。这表明，童书作家认为学龄前儿童需要训练才能理解这一惯例，就像他们需要训练才能看懂印刷品一样。

但"想法泡泡"有没有可能有更明显的作用，即使是孩子，也能自动领会？我们能想象得到，一旦学龄前儿童理解了心智，**也理解了心智所意味的思维和想法，他们就能够理解心智的运作是可以用某种方式来加以描绘的**。如果是这样，这将向我们展示一种前所未知的心智理论在我们的世界中发挥作用的方式，而且是在我们很小的时候。

在研究中，我们发现 3 岁的孩子几乎能立刻理解"想法泡泡"。我们给孩子们展示了如图 13-1 所示的图片，并指着其中的"想法泡泡"告诉他们，"这个就表示他在想的东西"。年幼的孩子随后就能轻松又精确地解答诸如"他想的是什么"这样的问题。虽然图片中的男孩和"小车"与"狗"同时产生了等量的关联，他们也会正确做出回答，他想的是"小车"而非"狗"。[2]

图 13-1 "想法泡泡"描述了一个男孩想到了一辆小拉车

超过 85% 的 3 岁儿童能够在最初的图片和后续的图片中都答对问题，我们在提问时并不会提及"想法泡泡"，只会问其中的角色在想什么。

孩子很快就能"读懂"这些"想法泡泡"。那他们能更进一步吗？他们能理解"想法泡泡"所描述的，是他人在主观上的体验吗？实验表明，也是可以的。

我们向学龄前儿童展示了两个纸板娃娃，一个是男孩，另一个是女孩，他们都在往一个黑箱里看。等男孩被翻过来时，孩子们可以看到它有一个"想法泡泡"，里面画了一个洋娃娃。当女孩被翻过来时，则会出现一个泰迪熊的"想法泡泡"。当被问及"小男孩认为盒子里有什么"和"小女孩认为盒子里有什么"时，这些学龄前的孩子很容易就回答出"男孩觉得有个洋娃娃""女孩子觉得有只泰迪熊"。他们能够从"想法泡泡"中了解到男孩与女孩有着截然不同的想法。即使是 3 岁的孩子，在这些"想法泡泡"的测试中也有高达 90% 的正确率。

3～4 岁的孩子还能通过其他一些相关的测试。他们会说，图片所显示的是一个人看得见摸得着的东西，但"想法泡泡"里显示的内容，却是看不见也摸不着的，尽管这两者都是在纸面上以图画形式出现的。孩子跟成年人一样，能意识到"想法泡泡"是一种清晰而有效的手段，专门用于描绘无形的主观思想。这是自然而然发生的。

有些思维和学习的方式就是自然的、直觉的、轻而易举的，还有些则是非自然的、反直觉的、困难重重的。这之中就有心智理论的深远影响：它能让我们生活中一些匪夷所思的部分变得自然化，甚至其中的一部分就像"想法泡泡"一样，是最近才被发明出来的新生事物。心智的沸腾，才让"泡泡"的出现成为可能。

## 心智与神秘感

从童年期我们就知道，神秘感始终伴随在我们左右。在一项研究中，一名成年人向学龄前儿童展示了两种积木，当积木被放在某些特殊的盒子上时，盒子会被点亮。[3] 蓝色立方体积木能一直点亮盒子，"它是个启动器"。红色金字塔形积木却无法点亮任何盒子，"这块积木没有用"。

在实验中，两个盒子被并排放置，成年人会在其中一个盒子上放一个蓝色立方体积木，在另一个盒子上放一个红色金字塔形积木，两块积木都点亮了下方的盒子。成年人随后会向盒子所在的方向稍稍挥手，并发问："怎么会这样呢？"

孩子们需要做出选择：要么解释简单的现象，也就是为什么蓝色积木能点亮盒子："它是个启动器，它总能点亮盒子。"要么选择一个更有难度的解释，为什么之前没用的红色积木，这次居然起了作用。令人惊讶的是，绝大多数孩子都选择了解释后者：为什么之前不起作用的积木这次有用了。因为这件事是一个谜，而他们试图解开这个谜团："也许，它只是看上去没有用，实际上还是一个启动器。""你之前把它放上去时没有按一下，我跟你打赌，如果你当时按一下，它就也是一个启动器了。"

电视与播客的制作者都深谙神秘感的力量，除体育之外，犯罪与侦探是成年人最青睐的内容主题。某个人因何缘由做了何事，当然是心智理论层面上的问题。

即使受众是儿童，这种神秘感也同样令人着迷，儿童电视节目《蓝色斑点狗》（*Blue's Clues*）是个很好的例子。这个节目的主要内容是解谜，一只动画小狗会给人类角色史蒂夫、多诺万以及节目的儿童观众留下一系列线索。每期节目有 4～8 个待解的谜题：小狗要过生日了，史蒂夫会送它什么礼物呢？小狗不见了，但是留下了一个脚印。史蒂夫把给小狗的礼物放进一个盒子里并包装好，但这个盒子却被混杂于一堆类似的盒子之中。在每一个关键时刻，都会出现特定的线索，史蒂夫随即会问出一个或多个关键问题，比如"斑点狗到底喜欢什么"，或者"哪个盒子里装着我准备的礼物"。在长时间的停顿过后，史蒂夫还会给出一两个提示。

在停顿的这段时间里，孩子们会大声地喊出答案，或者在那一星期的后面几天看节目时，再把答案喊出来。因为在同一星期里，每天的《蓝色斑点狗》播放的都是同一集内容。刚开始的时候，孩子们需要得到所有的提示，还需要看着史蒂夫利用线索揭晓答案。但在后面几天，看过同样内容几遍后的孩子们，每逢停顿的环节，都会兴高采烈地把答案喊出来。《蓝色斑点狗》每个星期都会提出新谜题，然后一遍又一遍地循着线索，解开谜团。这些谜题是围绕着"不知晓"产生的，解决它们的过程，其实就是把"不知晓"和"猜测"转化为"知识"的过程，这本身就是在心智理论层面上发生的思维。

《蓝色斑点狗》基于对儿童心智理论的研究成果制作而成，这些研究涉及儿童如何去解读一个人的意图、思想、失误、差错和知识上的空白。不仅如此，这一节目还很大程度上激发了学界研究类似节目能否成为一种高效的学习工具。

## 孩童般的心智状态

世界各地的冥想练习都鼓励成年人活在当下，并培养出孩童般的敬畏感与同情心。这需要训练，而且很难做到，因为成年人的注意力总是会被焦虑、计划和日程表分散。但在心智理论的众多实践形式中，拥有一个孩子般的心智状态，却能起到很好的效果。这是一个现成的渠道，能让我们接触生发出快乐与奇妙感受的源泉。

这只是心智理论将如今的我们和曾经的孩童状态联系起来的众多方法之一。

## 对我们不利的心智理论

成年人能理解法条，孩子能理解"想法泡泡"，不管是成年人还是孩子，都追求谜团之后的真相，这是心智理论对我们大有裨益的情况。毫无疑问，心智理论是我们在生活中理解事物的最有力工具之一。但水能载舟亦能覆舟，有时候，即使在那些我们自诩已是行家里手的领域，心智理论也会导致我们犯错。

### 预测感觉

想象一下，我们中了彩票，是高兴，还是难过？如果 1 是不高兴，7 是极度高兴，我们会给自己的高兴程度打几分？在得知自己获得头奖那天，我们会有多高兴？而在半年之后，又会有多高兴？

虽然成年人很擅长预测自己会不会感到快乐，但人们总是会高估自己感受到快乐的水平。对于中彩票那天来说，我们可以正确预测到自己会非常高兴。但这之后，预测的准确性就会下降。真正中了彩票的人，其快乐的感受会迅速消退，往往在中彩票一个月后，他们就回归到了中彩票之前的情绪水平，有些时候，情绪甚至不如之前那么好。只有很少的人能预测到这一点。[4]

这种对情绪感受的不准确预测，无时无刻不在发生着。各个年龄段的成年人都会高估自己在恋爱关系破裂后 3 个月，会有多么不开心。大学教授则会低估他们在失去终身教职后几年的情绪感受。满怀希望的备孕妈妈们，会高估自己在怀孕测试结果呈阴性后的一个星期内，会有多么沮丧。

**我们所有人，对未来的情绪感受的预测都会有偏差。一个关键原因是，我们在对行为进行着由心智理论驱动的解释，永不停歇。**

当发生了一些不太寻常的事情时，我们会花很多时间解析："原以为我爱他那么深，怎么现在一切结束了，我却没有太伤感呢？""我原以为中了彩票头奖，会高兴到极点，可为什么并没这种感受呢？"

通过心智理论产生的推理会让我们找到合理的解释："我当时只是被爱情冲昏了头脑。""中了头奖能得到的钱，并不像别人说的那么多。一方面交了很多税，另一方面我这些年一直入不敷出，可花的奖金当然越来越少。"人们对这些事件加以理解，就可以将其正常化。一旦把这些难题的前因后果梳理清楚，那些心理状态就有理有据，没那么情绪化了。但是，没有人能事先预测到这一点。

我们在预测感受方面的种种失误，反映出与情绪体验、情绪发生时机有关的日常理论存在缺陷。即使在不断地体验着各种情绪，我们也远远算不上情绪专家。①

## 制造惊喜

如何找到一个能带来惊喜的完美礼物？这是个很有压力的挑战。圣诞节、情人节、母亲节的广告里，处处宣传着送对礼物就能获益良多。但是，我们并不擅长预测他人究竟想要什么。

---

① 基于心智理论的思考，我们能提供一些建议：当你产生了良好的情绪时，不要刻意弱化它们。要知道，它们可能并不能持续多久，所以更应该好好品味。当坏情绪出现时，也不要反应过度。随着时间推移，你的感受会有缓解。不仅如此，缓解坏情绪的时间往往比你预测的要更短。与此同时，不要低估常态情绪的价值，而去追求更强烈、更刺激的激情。比起偶尔体验极致的欢愉，经常保持适度的快乐才更值得推荐。所幸大多数成年人会说他们的确能够经常体验到适度的快乐。那就好好享受吧！

追求制造大惊喜，往往容易弄巧成拙。有时候，我们买的礼物对方并不喜欢。但即便我们的礼物一开始赢得了很好的反馈，通常也无法保持长期的吸引力，它终归还是被尘封在壁橱、地下室、抽屉里，不见天日。卡内基梅隆大学的杰夫·加拉克（Jeff Galak）的研究，已经证明了这一事实。[5]

但还有一条捷径。"送礼一方最该做的事，就是问问收礼一方究竟想要的是什么。"加拉克说，"但问题是在我们的文化中，这么做是一种禁忌。"出于某种原因，直接问对方想要什么，会让赠送者显得考虑不周全。但事实并非如此。"这样的情况下，收礼一方会更加满意，因为他们得到的是自己想要的东西"。

这件事之所以麻烦重重，就是因为我们一直在解读心智，却很难同时彻底搞清楚所有细节。要准确解读人们有何欲望，尤为困难。我们比任何其他人都更清楚自己想要的、要用的东西，对其他人来说，这一点也同样成立。加拉克和其他学者的研究一再证明，提前问一问真的更可取。先问再送的礼物的确能带来更深刻、更持久的幸福体验。送礼物之前，先问问对方吧。

## 心智理论告诉你的学习秘诀

日常生活中关于学习和记忆的信念，也会把我们引入误区。即使对于那些有足够的学习能力的大学生来说，也是如此。

涉及学习时，我们有个基本的信念，认为学起来越简单就越好。但事实上，越费劲才越好。25 年前，著名成人学习研究者罗伯特·比约克（Robert Bjork）在他提出的"必要难度"这一概念中，强调了这一要点。[6] **在学习过程中适当设置一些难度，可以大大提高学习内容的记忆留存率。**

乍一听，这可能与直觉相悖。一般而言，心智理论告诉我们，如果一直练习，直到轻易便能完成任务，那意味着我们对学习内容更了解了。这时候，就算"学会了"。但这并不意味着，学习的过程中最容易的时候效果才最好。事实上，只有深入地处理学习材料，才能学到更多东西，而这恰恰意味着需要付出更多而不是更少。

学生们当然知道这一点，他们很清楚：把材料读两遍要比读一遍效果好；要一边阅读一边用下划线做标记；考试前应该复习，而不是仅仅靠上课的时间。但他们在学习方面还是有一些误区，以下就是其中一些误区及修正方法。

- **做笔记**。要求学生在课堂上手写笔记而非用笔记本电脑做笔记，会改善学习的效果。这么做有益于他们在几个月后的测验中的表现，也能提高信息的留存率。为什么？今天的学生太过擅长用键盘输入文字或给朋友发送信息。这不需要什么思考，它的进行基本上是下意识的。

学习需要人在意识层面有所关注。事实上，如果学生用纸、笔记笔记这种老派的方法，学习的效果会更好，因为这种方法需要投入更多的辅助资源与注意力。这么做还有个好处：能把笔记本电脑暂时放在一旁。毕竟，即使在课堂上，它也可以很方便地拿来查看电子邮件、看电影、查看游戏得分等。

- **下划线**。在读的文字下面画下划线确实要付出比单纯阅读更多的努力，但也不会多太多。这样的处理方式并不会太涉及心智的投入。此外，使用下划线会留下一种印象：我们正在为应试而学习，而且打算稍后再回过头来复习之前画线的内容。但重读他人的文字是一种很糟糕的学习策略。[7]

一种更好也更难的方法是，把读过的东西改用自己的语言表达出来。也就是在页边的空白处、在贴上去的便利贴上写下自己的问题，并且思考答案。因为，只有更深层地加工学习内容才能解释好这些提出的问题，所以这种方法很有效。

- **讲义、教材**。我们也许还记得，曾经抱怨过老师某次在黑板上写的字太小或读不懂。虽然简明易懂的教材可以明显促进学习，但研究同样表明，我们能从内容较为艰深晦涩的讲义中学到更多。当然，这也是有限度的，难以辨认字迹的讲义传达不了任何信息。阅读、思考那些字迹清晰的讲义时间越久，学习效果就越好，印象也越深。

同样，秘诀在于投入更高的关注度，甚至需要对一些信息空白进行合理的填补，这同样能够刺激更深层次的加工进程。即使是那些看起来微不足道的困难，也能有所帮助。比起学习机器印刷、字迹精确统一的教材，如果我们教材上的字体有点儿模糊但仍可辨认，或者因为是手写体而不统一，学习效果会更好。[8]

对于教师而言，费尽心思制作出精美的电子幻灯片课件，其实会对学生的学习产生负面影响。虽然学生对这样的学习材料评价很高，但我们依然应该谨慎使用。在黑板上写写画画，让学生自己去做笔记，这会对更深的加工处理产生更多的益处。尽管与我们直觉上的感受背道而驰，但让学习材料的呈现方式和内容不再那么明白易懂，反而更能促进学习。

- **测验**。研究表明，学生们都讨厌的随堂小测验其实效果很好。频繁的测验有助于学习，即便是学生们自己出题自己做，也同样有用。这里的一个关键影响，依然是参加考试需要比阅读和倾听信息付出更多的思考和更深入的信息加工。考试让学生们付出了努力，贯穿整个学期的多个测验也能引导学生们逐步去学习和备考，而非临时抱佛脚，这同样有助于学习。

学生们在学习初期对"必要难度"最不感兴趣，毕竟这会倒逼他们付出更多努力。但这恰恰是关键所在，也正是考试能起到作用的原因。更多地进行更优质的加工进而提高学习和记忆效果。这有一定难度，因为学习如何去学习，本身也受"必要难度"的制约。

## 怎样变得更聪明

我们坚信，学习要靠聪明才智。但人们关于智力的日常理论却拖了后腿，导致人们常常会误解这句话的意思。斯坦福大学的心理学家卡罗尔·德韦克（Carol Dweck）花了 30 多年时间研究，揭示了我们所犯下的一系列错误及其深远的影响。

德韦克和她的学生将人们关于智力的日常理论划分为两类，即两种不同的"思维模式"。[9]不管成年人还是孩子，许多人的思维模式是固化的，这也被称为"实体理论"。对他们来说，智力是一个实体，不同的人拥有的智力在量上是不一样的。如果某人聪明，那他的智力量就比较大，如果他没那么聪明，那智力量就比较小。个体智力水平的高低并不会改变，但像解决问题、参加考试或处理项目等各种任务，并不一定能展现出其真实水平。不过，人们在应对某次测验，在课堂上、研讨会中或能力评估等具体的学习场景中时，就会展现出固定的智力水平。

### 激发成长型思维模式

对成年人来说，当下的想法可能已经根深蒂固，难于调整和重构了。在德韦克的《终身成长》（*Mindset*）一书中，她就如何解决这一问题提出了一些建议。

父母和老师都多次听过自尊对孩子的重要性，而且被建议要表扬孩子的智力与能力水平，甚至还被建议要经常表扬、坚持表扬，这样才能增强孩子的自信、自尊和自强。

　　德韦克的研究却表明，这种表扬的效果往往事与愿违。表扬智力水平会让对方产生一种僵化的心态，以及对挑战的抗拒。在她的研究中，孩子们得到这样的表扬时的确很高兴。可一旦碰到了阻碍，他们会认定自己的能力处于某个固定的水平，而这会让他们觉得自己还不够聪明，无法解决当下的问题。于是，他们的应对表现也就一落千丈。相比之下，如果孩子因为行为，比如很用功或使用了好的策略而得到表扬，情况就不一样了。如果孩子认为这些才是他们表现好的原因，他们会以一种成长型的思维模式，为了掌握技能而非规避失败的心态去应对困难。

　　研究表明，就算家长和老师本人有着成长型思维模式，也可能无法将这一优点传递给子女与学生。这是因为，成年人的言语和行为往往与他们本人的思维模式不一致。很多支持成长型思维模式的家长与老师，也不会在表扬中强调过程。这些人在面对孩子失败时，也会对孩子的能力水平产生担忧或焦虑。一个更以成长为导向的反应应该传达出这样的信息：不管是困难、失败抑或焦虑，其实都是好事，它们为进一步的发展铺平了道路。


　　还有一些人，在关于智力的观念上有着一种可进一步延展的成长型思维模式，也就是智力递增理论。他们明白，不管个体智力上的底子如何，它总是可以改变的：如果增加了，就更聪明。在成长型思维模式的理念中，解决问题的目标就是要变得更聪明。不管是挑战，还是挫折与付出，都是学习的重要组成部分，它们可以把人变得更聪明。在儿童如何解决问题的研究中，德韦克惊讶地发现，有的小学生在面对困难时会说出这样的话："我喜欢挑战。""我原本希望这个能更难一点儿呢。""错误也是益友。"[①]

但是那些有着固定型思维模式的小学生，则会认为挑战、挫折，甚至高成本的努力都意味着风险。他们往往通过他人或自己给出的评价，判断出自己所有的固定智力并不足以解决问题。

很多人都有着僵化的固定型思维模式。而研究表明，成长型思维模式才更加可取。

## 时时刻刻的影响

或大或小，或显或隐，心智理论时时都在影响着我们。在社会层面，它塑造了我们的法律与道德准则、书写与用图习惯，以及屏幕上呈现的媒体内容。在个人层面，它塑造了我们的情感，决定着我们送出的礼物、我们的教学，乃至学习上的失利。它影响着孩子，也影响着成年人，它让我们能够把自我的种种元素整合在一起。它是一种基本元素，可以帮助诠释我们曾经是谁、现在是谁、未来是谁，以及这三者又如何统合。

---

① 这是孩子对"必要难度"有何好处的一种启蒙和最初接纳。

# 14

## 日常生活中的
## 心智理论

### READING MINDS

《灰姑娘》是一个经典的童话故事，讲述了人在面对压力时，要力保尊严，最后能收获美德，当然还有美貌。这个故事的历史比许多人想象的还要悠久。我们印象最深刻的，往往是《格林童话》中的灰姑娘，或是20世纪50年代迪士尼动画电影及其衍生品中的灰姑娘。但古希腊人早就讲过一个名为洛多庇斯（Rhodopis）的女奴的故事。她的凉鞋掉在了某位埃及法老的腿上，法老便派人到各地去找凉鞋的主人。洛多庇斯被带到了法老的面前，法老一见倾心，他们便结婚了。

民俗学家认为，这个基本的故事框架其实普遍存在，既有在 9 世纪出现的中国版本，也有阿拉伯版本，乃至在世界范围内已知的变体竟有几百种。这其中涉及电影、音乐剧、小说和儿童故事等多种文学艺术形式，包括《完美谎言》（ *Lying to be Perfect* ）、《艾莉：一个现代灰姑娘的故事》（ *Elle: A Modern Cinderella Tale* ）、《新灰姑娘》(*Confessions of an Ugly Stepsister*) 和《午夜盛宴》(*Bella at Midnight*) 等。

在本书中，我也用到了一些故事，比如莎士比亚的故事、《人物》杂志的故事、漫画书的故事、孩子们的故事，就是为了阐明我们日常生活中对心智理论的运用。故事既展现了我们的生活，又阐释了人们的行为。叙事普遍存在着一种吸引力，不管它是故事、流言，还是描述人类生活和行为的戏剧。但个中情况依然复杂。

灰姑娘的故事是在一系列元素组合之下发生的。其中有灰姑娘本人的角色，她是继女，又是女佣；有她的一系列行为，打扫卫生、做家务、去舞会等；还有其他角色，比如继母和仙女。在这些元素背后，故事因灰姑娘想去参加舞会的愿望，和认为自己去不成舞会的想法之间的矛盾而展开，随着情节的发展，像"需要完成堆积如山的家务"这样的阻碍也影响了她的行动和情绪。灰姑娘的故事涉及很多概念：秘密、谎言、谜团、线索、错误信念与超凡心智，这些概念本书都曾讨论过，在读者的心智解读中也频频出现。灰姑娘在舞会上对自己的身份守口如瓶，唯一留下的线索就是丢在那里的鞋子。异母姐姐们则在试穿王子的男仆带来的鞋子时，谎称鞋是她们的。还有一位仙女，用她的计策，把整个故事串了起来。

整个故事的叙事，不管涉及场景还是行为，都是由心智联系在一起的。小说中的人物，无论是像灰姑娘这样经过简化的原型人物，还是像《傲慢与偏见》女主角贝内特这样的复杂角色，都有着复杂的行为和大量纠结的想法，我们却依然能很容易地理解与认同她们。正是心智理论，让我们能做到这一点。

如果没有心智的支撑，作家写不出小说，读者也读不懂小说。作家之所以能创造出可信的虚构人物，正是因为他们能基于一般存在的心智理论框架，来为这些角色设计各种欲望、想法、感觉、计划、希望、偏好和行为，进而去满足或挫败这些角色的意图。一旦人物的细节符合我们普遍接受的心理的日常解释，它们就会更加可信。这正是为什么故事不能完全依靠虚构，而必须建立在读者能够理解的日常心理基础上。若非如此，读者就无法将其和其他事物联系，人物和情节也显得不可信。

在"搜寻地外文明"机构（SETI）工作的天文学家们，在寻找宇宙中其他地方的生命迹象时，就面临着这个问题。这是一个思想实验：试着去想象一个与我们截然不同的外星人，他的生活跟人类完全不一样。事实上，真正的外星人可能对我们来说会非常陌生，我们永远都认不出他们来，也无法识别他们发出的信号和化学反应，或者他们留下的蛛丝马迹。如果人类普遍认同的理论跟他们完全不沾边，那对我们来说他们就是无法理解的存在，与这种外星生命形式的接触与交流也无法实现。不管是谁，在看到外星人的时候，也无法认出来。我们这种跟橡皮筋一样延展的心智理论在不断裂的情况下，只能延展到这种地步。

而科幻小说作家必须妥善应对这个问题。即便是他们笔下最不落俗套的外星人，也必然是在我们普遍的心智理论的范围内被创造出来的。否则，这样的外星人对作者和读者来说就都没有意义了，故事也就成了无水之萍。出于同样的原因，那些说自己被外星人绑架过的人，总会提及外星人想要一些东西，比如性行为、信息和资源；外星人有思想，甚至有心灵感应能力；还说外星人会施计策、耍手段。这些都不是巧合。

## 我们赖以生存的故事

有时候，人们会把这一个常见的、公开的故事和自己私人生活中的故事放到一起去比较，《灰姑娘》就是这种会激起人们感同身受的典型。人生故事就是一个人的自传，与我们的自我认同密切相关。它使我们能够理解个体的一致性，以及改变。丹·麦克亚当斯（Dan McAdams）于 1993 出版了《我们赖以生存的故事》（*The Stories We Live By*），书名一针见血地指出了我们生活方式的叙事性。[1]

《大卫·科波菲尔》（*David Copperfield*）被公认为狄更斯所有小说中最具自传性质的一部，同样是个好例子。在该书的《序言》之中，狄更斯写道："无论我是否会成为自己生活中的英雄，抑或那个位置是否由别人占据，这些篇章都必须呈现给世人。"他正是利用自己的人生故事，来创作这部小说的。其他伟大的作家也会利用他人的人生故事，就像索福克勒斯（Sophocles）向我们讲述俄狄浦斯的悲剧故事一样。心理学家也会利用这些"虚构"的人生：弗洛伊德认为，我们在童年时代都经历过一个俄狄浦斯般的故事。有的故事非常准确地捕捉到了我们对日常生活的理解，以致成为催生更深层次理解的模板。

狄更斯和认知科学家都把我们对自我的回忆称为"自传体记忆"。这些记忆承认了叙事、故事和自我之间的联系，在学龄前阶段就会出现，其素材是一个人在更小的时候的行为，以及父母亲属们转述过的其他经历。到了青春期，生活故事变得更宏大、更连贯，也更像故事了，而且也变得越来越依靠自我来定义。年轻人们往往会在青春期为自己的生活找到一条叙述线索。他们的故事可能包括吸取到的教训、令人不齿的恶行；也可能是一个说一不二，或是随波逐流的故事；还可能强调个人的一致性或变化性；可能把自己塑造成大英雄，也可能把自己贬低成牺牲品。

**年轻人们越来越多地为他们的生活创造各种各样的故事，这些故事解释了他们是如何成为自己的。**

麦克亚当斯专门描述了一种美国人的身份叙事，叫作"救赎故事"。这是一个以坚定的心性和无比的勇气面对危险世界的英雄故事。他战胜了痛苦、克服了挫折，最终获得了成功或幸福。英雄不仅拥有一个积极的人生历程，同时还对别人产生了积极影响。正如麦克亚当斯所说："美国人似乎特别喜欢生活中的救赎故事，这些故事的变体还包括宗教上的救赎、进入上层阶级、个人的解放，以及从苦难中涅槃重生等。"亚伯拉罕·林肯（Abraham Lincoln）、罗莎·帕克斯（Rosa Parks）、巴拉克·奥巴马（Barak Obama）、埃莉诺·罗斯福（Eleanor Roosevelt）和灰姑娘俱归此类，我们看到很多这样的故事，并从中受益。

我们的自传故事并不是一连串的随机事件。它们描述了我们的心智，也描述了心智在我们生命历程中所生发出的行为。自传故事就像其他故事一样，集合心智理论的力量与资源来刻画一个角色，只是主角就是我们自己。这些故事里包含我们的想法、需求、希望、行为、感受和规划。我们利用日常的心智理论将之整合起来，以理解自己，并创造出自身赖以生存的故事。

**故事无处不在，[2] 支撑起它们的就是心智理论，它还影响着我们对事实与假象、正确与错误、情感与思想、朋友与敌人、学习与失败的看法。**

## 自我蒙蔽和差错过失

与故事一样无处不在的，还有人们犯下的差错与过失，它同样依赖于心智理论。如前所述，心智理论在超时运转，而它的构建并不总是可信。我们生活中的故事是可能被夸大的：考验和苦难被美化；在救赎故事中，恶行被忽视；而在赎罪的过程中，恶行又被夸大。自我叙述可能包含自欺欺人的种种错误。我们日常的心智解读也很容易出错，毕竟心智理论所提供的往往是解释的产物，而非客观的事实。我们每次试图解读他人情绪时，很容易发现这一点。

## 理解情绪和误解情绪

从某种意义上讲，我们每个人都是情感专家。我们会观察别人的情绪，并根据自己希望唤起对方什么情绪来做下一步的决策。我们追求某件事是因为认为那会让自己感到快乐，规避某件事则是担心那会激怒他人。

尽管每天都和情绪深入地打着交道，但我们在这一领域还有很多摸不着头脑的地方。有时候，我们会对自己或他人的情绪反应感到困惑，还有时候，我们希望改变自己的情绪，却不知从何下手。包括这个问题在内的种种窘况，都是因为我们被日常使用的情绪理论束缚住了。

威廉·詹姆斯是 19 世纪最有影响力的思想家之一，被公认为美国心理学之父。他出身书香门第，又是著名小说家亨利·詹姆斯（Henry James）的兄长，并且经常与他的教父拉尔夫·沃尔多·爱默生，以及马克·吐温、伯特兰·罗素（Bertrand Russell）、沃尔特·李普曼（Walter Lippmann）等人交往。他的著作涉及宗教、教育和实用主义思想，当然，还有心理学。他教授了哈佛大学的第一门心理学课程，他的著作《心理学原理》（*Principles of Psychology*）也是这一领域的开山之作，影响深远，至今还常被引用。

《心理学原理》涵盖了现在心理学研究的许多关键问题，比如"思维""学习""意识""本能""自由意志""情绪"。[3]詹姆斯通常从描述对某种现象的常识性理解开始，继而进行更深层次的解析。论及"情绪"，詹姆斯是这样开篇的："常识告诉我们，如果失去财富，我们会深感遗憾、痛哭流涕；如果遇到一只熊，我们会感到害怕，撒腿就跑；如果被对手羞辱，我们又会感到愤怒，立即还击。"

詹姆斯将世上的种种情境和物品都称为"世界的家具"，它们能直接唤起恐惧、愤怒、厌恶和愉悦等基本情绪。碰见了蛇，感到恐惧；找到了蜂蜜，感到高兴；被别人推搡，感到愤怒；吃了发霉变质的食物，就感到恶心。我们关于情绪的常识性理论，同时也嵌入我们对心智的常识性理论之中，它其实是一种"情境主义"理论：因为有了所谓"世界的家具"这些情景，人们就会产生可以预见的情绪反应。

可有些时候，我们可以训练自己克服这些标准的情绪反应，比如我们可能变得害怕小狗，也可能大快朵颐臭臭的林堡奶酪。但我们也明白，这需要认真的学习和足够的文化熏陶才能达成，这其实也承认了基本的情绪反应最初所具有的强大力量。

像羞耻感和内疚感这样更复杂的情绪，往往也意味着更复杂的处理过程。羞耻感并不是基本的恐惧或担忧，而是恐惧、担忧他人或那个更好的自我来评判我们是否违背了某个重要的标准。不过，"情境主义"的观点仍然占据着主导地位。情绪领域的学者保罗·艾克曼的颇具影响力的面部表情编码系统，正是为了识别和分类"每种面部表情"而研发的。这也是他所声称的，不管他们来自西方还是东方，成长于何种文化中，全世界各地的人们都使用一套标准的情绪表达方式来展现和识别情绪，包括满足、兴奋、恐惧、愤怒、厌恶等。[4]这也是他所认为的、如何侦测欺骗与谎言的方法基础。

为了论证自己的这些说法，艾克曼设置了他认为在任何文化、任何地方都能唤起人们强烈情感的场景来做测试。比如用朋友的到来激发幸福感，用气味难闻的东西激发厌恶感，用有威胁的掠食者激发恐惧感。他对这些反应的预期，都源于常识性情境主义理论。

但是，另一种观点坚持认为，情绪体验要比艾克曼或者詹姆斯所说的更有心智理论的内涵，这被称为情绪的"认知主义"理论。认知行为疗法提供了一个很有启发性的例子。虽然认知行为疗法有多种不同的形式，但其完整形态是目前可知的治疗抑郁症和焦虑症的最好方式。它还能够提供指导，帮助对象更好地理解自我。

亚伦·贝克（Aaron Beck）是认知行为疗法领域的先驱者，他的关于如何采用认知行为疗法治疗抑郁症的理论影响尤其深远。[5] 在他看来，情境、感受、行为和思想在我们的生活中都扮演着重要的角色，彼此还会相互影响。即使对于愤怒和恐惧这些简单的感受，思想也能起到非常强大的影响，却经常被忽视。而且思想是解决更加复杂的问题的关键，比如抑郁、对失败的恐惧、不适应、焦虑、内疚和上瘾。根据认知行为疗法的说法，扭曲的思想和不良行为的相互影响，再加上情绪所起到的中介作用，才导致了痛苦、压力和心理健康上的问题。改变不恰当的想法，也就是错误的信念，就会带来情绪和行为上的改变。认知行为疗法正是用"认知主义"来解释情绪，并影响认知的。

认知行为疗法中的一项关键技术，是要求来访者讲出自己的心智理论和情感理论。这之后，他们会面对质疑，或者需要自己质疑自己，进而重新构建和修正他们心智中功能失调的部分。例如，某些抑郁的人是因为过度解读别人的心智，才产生了消极的情绪反应。例如，他们在演讲的时候，认为听众会这样想："蠢透了。""为什么他要穿这么正式？""为什么他穿得这么邋遢？""无聊透了！"由此产生的消极情绪会波及他们的表现，长期影响下，就会出现抑郁相关的症状。

在接受行为认知疗法的过程中，这些来访者会有不同的想法。

- 解读心智时产生的想法终归只是想法，很可能并不正确。

- 想法并不需要激发出情绪来（这就是一种可能会成功的对来访者的质疑）。

- 情绪并不能证实想法的正确。当想法与情绪错误联系时，需要去重新设定。如果某人讲话时感到焦虑，那并不意味着真的有什么需要担心的东西，情况完全可能很正常，没什么了不起的。

人们对自己的情绪有了更深的洞察，并采用了这种截然不同的"认知主义"情绪理论后，就能更好地控制情绪，从而减少抑郁或焦虑。

这种看似与众不同的情绪理论，实则有着悠久的历史和广阔的发展空间。古代的斯多葛学派就认为，利用逻辑和意识，能摒弃那些引起负面情绪的错误信念。

### 魔术师的看家本领

有时候，误会是有意为之的结果，这也是魔术师的看家本领。他们不需要特殊的灯光效果与快速的反应，也非常擅长制造令人震惊的效果。大多数魔术之所以能成功，并不是因为"手法快过了我们的眼法"，魔术师会利用我们的思维习惯来误导我们，进而创造出虚假的信念来蒙蔽观众。[6] 实则所有这些手法，都在我们日常使用的心智理论的范围之内。

想象一下，魔术师在光天化日下把一个红色的圆球抛到了空中。当球刚刚离手，他就把双手合上，等球落回来的时候，他再摊开双手接住它。他随后又扔了一次，手法跟上一次一模一样。可当他扔到第三次时，球却在半空中消失了。他会充满疑惑地盯着自己的手，看着球本应落回的地方，还把双手挥来挥去。人们惊呼一声。

观众的确看到球消失在半空中了，但球怎么能凭空消失呢？他是怎么做到的呢？靠的是误导。

魔术师前两次的抛球，是为了使观众看到球的运动轨迹并形成思维定式：飞上去，落下来，飞上去，落下来。他的手摊开，合上，再摊开，接住球，他的视线也会随着球的起落而移动。可第三次，当他把手举起来时，其实还保持着闭合状态，球依然在手里，但他还是会像之前一样，视线随着球应有的轨迹上下移动。当他的视线同观众的视线一样下移时，他已经偷偷把球转移到了另一只手上。最终，他会摊开自己扔球的那只手，像之前一样等着接球，但手里空空如也。这就是魔术的关键！他盯着空无一物的手，还伴随着难以置信的挥舞，这个魔术便成功了。

不过，这个魔术的结尾通常是在几秒的讶异之后，魔术师用另一只手拿着球在半空中一挥，看似是把球从空气中拿出来的一样。又是一片惊呼。

当我这样描述时，这个魔术似乎很难使人信服，这把戏也太明显了。然而，这就是所谓的"心理强迫"的力量。魔术师迫使观众看见并期待在某些确定的事情。事实上，就算观众知道了这个魔术的秘密所在，一个优秀的魔术师依然能营造出很强的魔术效果，使观众看到小球"消失不见"。

包括"消失的小球"在内的其他许多魔术，魔术师所有动作都是以正常的速度在清晰的视野中进行的。技巧的关键在于：观众并不相信自己会对如此明显的东西视而不见。这也是由我们与心智理论有关的思维决定的：一举一动都显而易见。但这是一个错误的信念。

受这种心智理论影响的思维制约，新手魔术师经常为"魔术师的罪恶"所折磨，他们会担心观众能立即看破魔术的原理。有经验的魔术师不仅会为学徒传授技艺、提出建议，更会让他们相信，观众基本上都无法看破魔术。随着经验的积累——通常是怀着"罪恶"，强迫自己在公众场合表演，新手魔术师会渐渐克服这种本能。

同时，他们还意识到不能在 3 岁左右的孩子面前表演魔术。因为 3 岁的孩子看完魔术往往会一头雾水。孩子们只有到 4 ～ 5 岁，能够理解错误信念时，才会惊呼和鼓掌。他们这时才明白，人就算是在众目睽睽之下，也有可能被忽悠："嘿，我刚才盯着呢，但球哪儿去了？简直太神奇了！"

## 对无知的无知

北卡罗来纳州流传着一句古老的谚语："给你惹祸上身的并非你不知道的事情，而是你自以为知道的事情。"很明显，这句话说的就是错误信念。但从更普遍的意义上讲，这句话所说的，是"知道"与"对'知道'的错误观念"。

大多数人都认为，自己对日常生活中的许多事物都略知一二，比如自行车的工作原理是什么，为什么一年有四季，为什么夏天的气温要比冬天高。

当成年人被问及季节的变换与夏天的温度相关的问题时，最常见的答案是，夏天的时候地球离太阳更近。当被要求做进一步阐述时，多数人会正确地说出，地球的公转轨道不是圆形的，而是椭圆形的，所以我们有时候离太阳远一点儿，有时候却近一点儿。实际上，平均来说，日地距离大约为 1.5 亿千米。但我们在"远日点"时，这个距离能达到 1.52 亿千米以上；我们在"近日点"时，这一距离在 1.46 亿千米左右。于是就产生了这样一个普遍的说法：我们离太阳近的时候就有了夏天，离太阳远的时候就有了冬天。

是这样的吗？事实上，在北半球，冬天的时候离太阳更近。明尼苏达州的明尼阿波利斯市在每年的 1 月 15 日距太阳最近，但 1 月却是这里一年中最寒冷的一个月。我很清楚这一点，因为我的博士学位就是在明尼苏达大学拿到的。不仅如此，在北美洲，每个冬天，我们离太阳的距离都比一年中任何其他时候更近，而夏天，我们离太阳的距离恰恰最远。

这么看来，与太阳的距离远近决定了气温的变化，这一说法并不正确。真正的答案是，我们在以另一种方式改变跟太阳之间的距离。地球本身有一条倾斜的轴线。在明尼阿波利斯市的冬天，地球向远离太阳的方向倾斜，而与此同时，圣地亚哥是夏天，在那里，地球是向着太阳方向倾斜的。对大多数人来说，哪怕他们知识渊博，也会下意识地认为：离得近等于夏天，离得远等于冬天。

但请少安毋躁，地球在其轴线上的倾斜度其实并不是那么大，大约为 23.5°。这种程度的倾斜对从地球到太阳的总距离来说，几乎没有影响。如果明尼阿波利斯市在冬天距离太阳有 1.49 亿千米的话，圣地亚哥到太阳的距离也就只比这个数值小一点点，两者在到太阳距离上的差异比起 1.49 亿千米来说犹如九牛一毛。

事实上，并不是距离影响了气温，而是阳光照射地球的角度不同，造成了气温的变化，并最终形成了季节的变迁。地球倾斜的角度变化会影响太阳在地球大气层中的折射，而折射会起到加热效果，类似冬天阳光照进温室的效果一样。南半球在夏季时的倾斜会导致更多折射过的光线集中，所以便产生了更多的热量。相对的，此时明尼苏达州恰是冬季，倾斜的情况导致阳光带来的热量更多地挥发掉了。

现在有人可能会说："好吧，我当然不知道这些了，这是天文学家干的活儿！"我们普通人，知道这个问题的关键在于太阳对地球的影响，但像天文学家这样的专业人士，才知道更精准的细节。但这种说法却是误解，并且影响深远。

虽然我们往往认为知识存在于心智之中，大脑、心智、知识是一体的，但事实并非如此。我们的知识存在于很多心智所构成的共同体中。

**我们并非孑然独立，也不是仅仅生活在一个由不同的躯壳构成的共同体中，而是在心智的共同体之中。**

如果只依赖存储在自己心智之中的有限知识，我们就无法成为才能卓绝的思考者。我们成功的秘诀之一，就是生存在一个共同体之中，可以说，我们从不"独立思考"。[7]

这一现实经常被忽视，也使得心智解读力越发重要。我们进入对方的心智、交流、互动、共同存储知识，并将知识融入生活，其实现手段就是心智理论。我们总是能从别人那里轻易得到需要的知识，却往往未能心存感激，因为我们对自己的无知也是无知的。而那些知识之所以唾手可得，也是因为心智理论在发挥作用。

## 无处不在的心智解读

日复一日，无时无刻，我们都要解读他人的心智。我们观察他人的言行，进而对他们的想法、感受、希望、意图和目标得出结论。我们想要深入解读他人内在的心智状态，我们也确实这么做了。此外，我们还会解读、辨析和交流我们自己的心智状态，以便向他人展示自我、阐明自己的所思所想，并生成具体的行动与交互。

对心智的解读不可阻挡而又持续地、或多或少地影响着我们的生活。**它在童年发端，也以童年为基础，逐渐发展为一套系统的心智理论**。我们终将使用这个基本的框架、这种合理而连贯的因果系统，这不仅有助于我们理解重大事件，也有助于理解那些构成日常生活的琐碎行为与交流互动。[8]

　　事实上，从真实到虚构，从现实到魔术，从正确到错误，从感受到思想，从科学到神话，从朋友到敌人，从与他人、动物的互动到如今与机器人的互动，每一种将我们定义为社会人的推动力量之中，处处是日常生活中的心智理论的影子。

考虑到环保的因素，也为了节省纸张，降低图书定价，本书编辑制作了电子版的注释。扫码查看本书全部注释内容。

致谢

在本书成书的过程中，我从很多人那里受益良多，他们不仅给了我灵感，还为写作、编辑与出版这本书提供了帮助。

感谢我的经纪人——爱维塔斯创意管理公司（Aevitas Creative Management）的劳伦·夏普（Lauren Sharp）。

感谢牛津大学出版社。我之前曾在这里出版过两本书，但这个完全不同的项目依然让它承担了风险。感谢我的编辑琼·博塞特（Joan Bosert）。

感谢我的朋友约翰·贾米森（John Jamison）。他之前读过我的另一本学术著作《构建心智》（Making Minds），并在亚马逊网站留下了一篇评论，他说："我非常期待本书作者在这一领域再出一本针对非专业人士的新作。"然后，他就同我的同事保罗·哈里斯以及艾莉森·高普尼克一样，读到了本书的初稿。感谢你们。

此外，倘若没有卡伦·林德（Karen Lind）与我并肩工作，这本书将无法问世。她仔细研读了本书中的每个字句，并利用自己多年来撰写医疗科普文章和小说的专业素养，重写了其中的大部分内容。她的付出，让本书充分展现出一种通俗易懂又平易近人的风格。

作者们总是会以对家人的感谢作为致谢的结尾，我也一样，而且我还想说，文字不足以表达我的诚挚谢意。感谢我的亲人，慈爱的双亲，我的兄弟姐妹。最后，尤其要感谢我最亲近的家人：奈德（Ned）、丹尼尔（Daniel）、切尔西（Chelsea）、蔡斯（Chase）、AJ、埃玛（Emma）和卡伦。无巧不成书，卡伦·林德不仅为本书贡献良多，还嫁给了我，迄今已有 40 余年。

# 好孩子和好父母的共性

我经常被问道："老帅，我们家孩子总爱撒谎，怎么办？"提问的家长，往往有点儿焦虑，孩子撒谎让他对未来产生了担忧；也总带点儿不好意思，孩子居然能撒谎，那在别人看来，家长多少也有点儿管教不严。但我会回应："别担心，这是个好消息。"

从家长们的表情和反应来看，这肯定不是他们预期的答案。居然没有管教方法、沟通技巧和惩戒手段？再说了，好孩子谁撒谎啊？

我说这是好消息，是因为会撒谎说明孩子已经拥有了比较成熟的"心智理论"。别以为撒谎很简单：孩子只有清楚你知道什么，不知道什么，在他跟你说过话后你会进一步怎么想，才能忽悠得了大人。而与这个话题相关的，更深刻、更科学的阐述，这本书里就有。

撒谎，是心理机制上质变的证明，当然，是好的那种质变。所以，我为那些四五岁的"小骗人精"感到格外欣慰。6岁前的孩子撒谎，还上升不到什么道德缺失的地步，比起焦虑，我们更应该感到开心：孩子的心智在一步步走向成熟。

我家小儿子两岁半，正处于表达技能飞速发展、表达技巧却基本没有的状态。每当他想腻在妈妈身边，而我又在一旁"碍事"的时候，他都会狠狠地用手指向最近的门，奶声奶气地对我喊："走开！"他不会因为考虑我的感受，就用更加婉转的表达方式，也不会觉得跟这声"走开"相比，时不时因为怕黑缩在我怀里是件"打脸"的事儿。

与小儿子相比，6岁半的大儿子就截然不同。有的时候，他晚上独自入睡会感到害怕，就想让我在他的屋子里开着小灯，坐着看书，陪他入眠。但作为一个多次被我表扬过"已经能自己睡觉了，真棒！"的小伙子，他又不希望折损了自己在我心中的形象。这时的他，就会从卧室出来，一溜小跑进我的书房，对正在看书或者加班的我严厉地说："这都多晚了，你不是说自己再也不熬夜了吗？怎么还不休息？"然后气鼓鼓地把我拉进他的房间，给我安排个地方坐下，自己再爬回床上，看似是要监督我别再熬夜，实际上，是保护他入睡。

虽然明知道他佯装生气说出的那些话的用意，我还是喜欢配合他把戏演完。看着他越来越高明地利用自己对别人心理的认知与分析，我很开心，甚至开心到愿意装糊涂。

4年的年龄差，区别不仅仅在于体格，更在于心智，而其中不可或缺的重要一项，便是心智理论的发展与成熟。孩子们开始学着更深入地认识人、分析人、影响人。本书所探讨的，就是其中的奥秘。孩子们逐渐长大，慢慢就学会了怎么让那些表面上是甲的事儿，实际上起到潜伏在暗处的乙的效果。

不过我在翻译的过程中，却有了这样的发现：家长往往是孩子最早试图去参透的对象，可家长本身却对参透孩子这件事越来越不耐烦。

在最近几年的工作中，我发现越来越多的家长试图以一种维修机器的套路来教育孩子。在聊孩子不写作业的"问题"时，他们希望知道怎么能让孩子积极主动地去完成作业；在谈孩子过早恋爱的"问题"时，他们希望知道用什么招数能让孩子麻利分手；在交流孩子玩手机太多的"问题"时，他们希望知道靠什么话术能让孩子放下电子产品，转而拿起练习册。

这种需求可以理解，家长们普遍希望掌握解决孩子"问题"的有效策略和方法，但很少有人愿意像孩子分析我们一样，去分析孩子究竟是怎么想的。

孩子为什么不主动写作业呢？为什么太早谈恋爱呢？为什么抱着手机不撒手呢？就像前文提及的"撒谎"，家长的第一反应是让孩子别撒谎，可我们真正该做的，应该是去理解一下孩子们的发展现状和撒谎背后的真实原理。

被"摆平问题"思维裹挟的育儿观念，我称为"功利主义育儿观"，其最大的特点，就是家长只聚焦教育中的问题行为，而不分析教育的对象本身。有太多的家长受累于行为指标的绑架，不再习惯于揣测、分析、深入了解自家的孩子。

我很难过——孩子们四五岁时就掌握的心智理论，大人们却不愿意在教育孩子的过程中好好用用。如果我们在育儿过程中更多地利用心智理论，去了解孩子们的需求、动机和真实自我，我们当然可以成为更好的父母。

这并非我擅自揣测。2021 年，南加州大学的心理学家研究并发布了一项科学结果："什么样的男人更能成为好爸爸"，其中有一个重要的指标，就是这些准爸爸对心智理论的使用水平。更能想象他人的需求与感受、更能分析出他人的动机并对其做出回应的男人，就更有可能成为优秀的父亲。我坚信，这个研究如果在本书出版前发布，作者一定会有所提及。

在当今的互联网上，海量的教育博主与公号"大 V"都在探讨孩子遇见了各种各样的问题后该"怎么办"，其段位有高有低，从促膝长谈到"打就对了"，不一而同。但我以为，不管孩子遇见了怎样的挑战，我们恐怕都要先动用心智理论，琢磨琢磨孩子为什么会这么做，他可能是基于怎样的理由，才产生了那样的困扰。

很多家长都希望掌握快餐式的育儿手段，我们也的确可以发现很多强调"见招拆招"的教育指导。可这很有掩耳盗铃的嫌疑，孩子的成长必然是复杂而个性化的，快餐式育儿绝不可行，掌握洞察孩子的心法，才是硬道理。

本书就是一个很好的开端：我们可以了解孩子如何在心智上变得复杂，如何在社交中更多地兼顾他人，如何开始在自我与他人之间构建心理的桥梁。我们也可以从更科学的角度，去剖析那些在日常生活中"想当然"的教育成见和养育习惯：孩子的很多行为，也许有更深层的原因，很多纠结与焦虑只是成长中的阵痛，绝非发展的绝路。当然，我们还可以回溯自己的心智发展历程：当下采用的心智理论，究竟是怎么陪我们一路成长的呢？

心智理论的智慧使用，是好孩子和好家长的共性，所以，为大家力荐这本书。

感谢我的两个儿子，在翻译的过程中，我时常想起他们和书中知识点的交集，没有他们，我会少了很多感悟。感谢我的妻子和母亲，在翻译的过程中帮我分担了我在家庭中的很多分内事。感谢我的父亲，他是本书翻译稿的第一个读者，同时完成了本书的初次校对工作。

# 未来，属于终身学习者

我这辈子遇到的聪明人（来自各行各业的聪明人）没有不每天阅读的——没有，一个都没有。巴菲特读书之多，我读书之多，可能会让你感到吃惊。孩子们都笑话我。他们觉得我是一本长了两条腿的书。

————查理·芒格

互联网改变了信息连接的方式；指数型技术在迅速颠覆着现有的商业世界；人工智能已经开始抢占人类的工作岗位……

未来，到底需要什么样的人才？

改变命运唯一的策略是你要变成终身学习者。未来世界将不再需要单一的技能型人才，而是需要具备完善的知识结构、极强逻辑思考力和高感知力的复合型人才。优秀的人往往通过阅读建立足够强大的抽象思维能力，获得异于众人的思考和整合能力。未来，将属于终身学习者！而阅读必定和终身学习形影不离。

很多人读书，追求的是干货，寻求的是立刻行之有效的解决方案。其实这是一种留在舒适区的阅读方法。在这个充满不确定性的年代，答案不会简单地出现在书里，因为生活根本就没有标准确切的答案，你也不能期望过去的经验能解决未来的问题。

而真正的阅读，应该在书中与智者同行思考，借他们的视角看到世界的多元性，提出比答案更重要的好问题，在不确定的时代中领先起跑。

## 湛庐阅读 App：与最聪明的人共同进化

有人常常把成本支出的焦点放在书价上，把读完一本书当作阅读的终结。其实不然。

------------------------------------------------

时间是读者付出的最大阅读成本
怎么读是读者面临的最大阅读障碍
"读书破万卷"不仅仅在"万"，更重要的是在"破"！

------------------------------------------------

现在，我们构建了全新的"湛庐阅读"App。它将成为你"破万卷"的新居所。在这里：

● 不用考虑读什么，你可以便捷找到纸书、电子书、有声书和各种声音产品；

● 你可以学会怎么读，你将发现集泛读、通读、精读于一体的阅读解决方案；

● 你会与作者、译者、专家、推荐人和阅读教练相遇，他们是优质思想的发源地；

● 你会与优秀的读者和终身学习者为伍，他们对阅读和学习有着持久的热情和源源不绝的内驱力。

从单一到复合，从知道到精通，从理解到创造，湛庐希望建立一个"与最聪明的人共同进化"的社区，成为人类先进思想交汇的聚集地，与你共同迎接未来。

与此同时，我们希望能够重新定义你的学习场景，让你随时随地收获有内容、有价值的思想，通过阅读实现终身学习。这是我们的使命和价值。

# CHEERS

# 本书阅读资料包
## 给你便捷、高效、全面的阅读体验

## 本书参考资料

- ☑ **参考文献**
  为了环保、节约纸张，部分图书的参考文献以电子版方式提供

- ☑ **主题书单**
  编辑精心推荐的延伸阅读书单，助你开启主题式阅读

- ☑ **图片资料**
  提供部分图片的高清彩色原版大图，方便保存和分享

## 相关阅读服务

- ☑ **电子书**
  便捷、高效，方便检索，易于携带，随时更新

- ☑ **有声书**
  保护视力，随时随地，有温度、有情感地听本书

- ☑ **精读班**
  2~4周，最懂这本书的人带你读完、读懂、读透这本好书

- ☑ **课　程**
  课程权威专家给你开书单，带你快速浏览一个领域的知识概貌

- ☑ **讲　书**
  30分钟，大咖给你讲本书，让你挑书不费劲

本书中文简体字版由 Aevitas Creative Management 授权在中华人民共和国境内独家出版发行。未经出版者书面许可，不得以任何方式抄袭、复制或节录本书中的任何部分。

著作权合同登记号：图字：01-2021-6952 号


**版权所有，侵权必究**
**本书法律顾问　北京市盈科律师事务所　崔爽律师**


## 图书在版编目（CIP）数据

孩子如何社交 / (加) 亨利·威尔曼
(Henry Wellman) 著；叶壮译. --北京：中国纺织出
版社有限公司，2021.12
书名原文: Reading Minds
ISBN 978-7-5180-9140-9

Ⅰ. ①孩… Ⅱ. ①亨… ②叶… Ⅲ. ①心理交往–儿
童心理学 Ⅳ. ①C912.11

中国版本图书馆CIP数据核字（2021）第230585号

---

责任编辑：刘桐妍　　责任校对：寇晨晨　　责任印制：储志伟

---

中国纺织出版社有限公司出版发行
地址：北京市朝阳区百子湾东里 A407 号楼　邮政编码：100124
销售电话：010—67004422　传真：010—87155801
http://www.c-textilep.com
中国纺织出版社天猫旗舰店
官方微博 http://weibo.com/2119887771
天津中印联印务有限公司印刷　各地新华书店经销
2021年12月第1版第1次印刷
开本：710×965　1/16　印张：14.5
字数：216千字　定价：79.90元

---

凡购本书，如有缺页、倒页、脱页，由本社图书营销中心调换